Christian Wenzel

VEGAN KOCHEN MIT LUPINE

Christian Wenzel

VEGAN KOCHEN MIT LUPINE

Über 55 eiweißreiche und sojafreie Rezepte

riva

Bibliografische Information der Deutschen Nationalbibliothek

Die Deutsche Nationalbibliothek verzeichnet diese Publikation in der Deutschen Nationalbibliografie. Detaillierte bibliografische Daten sind im Internet über https://dnb.de abrufbar.

Für Fragen und Anregungen

info@m-vg.de

Wichtiger Hinweis

Sämtliche Inhalte dieses Buches wurden – auf Basis von Quellen, die der Autor und der Verlag für vertrauenswürdig erachten – nach bestem Wissen und Gewissen recherchiert und sorgfältig geprüft. Trotzdem stellt dieses Buch keinen Ersatz für eine individuelle medizinische Beratung dar. Wenn Sie medizinischen Rat einholen wollen, konsultieren Sie bitte einen qualifizierten Arzt. Der Verlag und der Autor haften für keine nachteiligen Auswirkungen, die in einem direkten oder indirekten Zusammenhang mit den Informationen stehen, die in diesem Buch enthalten sind.

Ausschließlich zum Zweck der besseren Lesbarkeit wurde auf eine genderspezifische Schreibweise sowie eine Mehrfachbezeichnung verzichtet. Alle personenbezogenen Bezeichnungen sind somit geschlechtsneutral zu verstehen.

Originalausgabe
5. Auflage 2026
© 2016 by riva Verlag, ein Imprint der Münchner Verlagsgruppe GmbH
Türkenstraße 89
80799 München
Tel.: 089 651285-0

Redaktion: Caroline Kazianka
Umschlaggestaltung: Kristin Hoffmann, Luisa Dickhoff
Umschlagabbildung: Jan Wischnewski Photography | Berlin
Satz: des2com, Berlin
Druck: Florjancic Tisk d.o.o., Slowenien
Printed in the EU

ISBN 978-3-7423-0038-6

Weitere Informationen zum Verlag finden Sie unter

www.rivaverlag.de

Beachten Sie auch unsere weiteren Verlage unter www.m-vg.de

Inhalt

Mittag- und Abendessen

Desserts

Inhalt
Low-Carb

Rezepte, die unserer Definition nach »Low-Carb« sind, haben unter 40 g Kohlenhydrate pro Person oder Portion und einen vergleichbar höheren Eiweiß- oder Fettanteil.

Vorwort

Lupine? Schon wieder so ein neues Trendprodukt, das gehypt wird? Keinesfalls, denn die Geschichte der Lupine und damit dieses Buches beginnt vor mehreren Tausend Jahren. Bereits damals wurde die Lupine geschätzt und eingesetzt.

Nicht nur im sportlichen Bereich, sondern auch in meinem Alltag ist mir gesunde Ernährung ein großes Anliegen. Als Profisportler weiß ich, wie wichtig die richtigen Lebensmittel für den Körper sind und dass eine falsche Ernährung dem Körper wertvolle Energie entziehen kann. Daher verzichte ich auf Fleisch und Milchprodukte und nehme hauptsächlich pflanzliche Nahrungsmittel zu mir.

Mit der pflanzlichen Ernährung auf Basis der Lupine entdecken nun vor allem Sportler und aktive Menschen neue Möglichkeiten, ihren erhöhten Eiweiß- und Nährstoffbedarf zu decken – und das verbunden mit einem hohen Genussfaktor. Zudem kommt die Süßlupine meiner Auffassung von dem entgegen, was in puncto Ernährung im Umgang mit unserer Umwelt wichtig ist.

In diesem Buch erhältst du neben dem Grundwissen über die Süßlupine auch zahlreiche praktische Anregungen, wie eine Ernährung mit Lupinenprodukten für sportliche Menschen, zu Hause und ganz generell im Alltag, aber auch für Partys oder unterwegs machbar ist.

Die vielseitigen und unglaublich leckeren Rezepte sind einfach, günstig und schnell nachzukochen und belasten den Geldbeutel nicht zu sehr. Angefangen vom Frühstück bis zum Abendessen, von Snacks über Smoothies bis zu sündenfreien Desserts ist alles dabei.

Ich werde oft gefragt, was ich esse und wie ich mit einer veganen Ernährung Profileistungen vollbringen kann. Daher bin ich wirklich froh, nun auf ein (Koch-)Buch verweisen zu können, das meiner Philosophie, meinem Anspruch an Qualität und Geschmack und dem hohen Energiebedarf Rechnung trägt.

Timo Hildebrand ist ehemaliger Torhüter der deutschen Fußballnationalmannschaft, Deutscher Meister mit dem VFB Stuttgart und 884 Bundesliga-Minuten ohne Gegentor, Gewinner des Copa del Ray in Spanien, Botschafter für den Vegetarierbund Deutschland und die Strahemann®-Stiftung e.V.

11

Ein Traum von Lupinen

Seit »Peace-Food« zur veganen Welle wurde, durfte ich viele Vorworte für Bücher über pflanzlich-vollwertige Kost schreiben. Dieses aber ist wie die Antwort auf den Wunsch, der sich bei meinem Buch *Das Geheimnis der Lebensenergie in der Nahrung* formte, das verschiedene Wege des Essens für spezielle individuelle Bedürfnisse darstellt. Immerhin eine Hälfte der Menschen, die im Laufe des Lebens – nach Schulmedizin-Aussage – Krebs bekommt, braucht eine gute Eiweißquelle, die wenige Kohlenhydrate enthält. Proteinreiche, fettarme Kost ist aber auch der Traum aller Sportler, die Muskelaufbau anstreben, und der Heerscharen, die gern schlank bleiben und nach Eiweiß suchen. Für sie gibt es diese alte Kultur- und Wunderpflanze, der Christian Wenzel dankenswerterweise dieses Buch widmet: die Süßlupine.

Gebetsmühlenartig weise ich seit 10 Jahren darauf hin: Letztlich stamme alles Eiweiß aus Pflanzen und Hülsenfrüchte seien bessere Eiweißquellen als Tierprotein. Die (Süß-)Lupine ist ein ganz besonderer Vertreter dieser auch Leguminosen genannten eiweißreichsten Früchte der Erde und deutlich proteinreicher als Fleisch, Fisch und Milch(-produkte). Sie enthält – je nach Art – 36 bis 40 Prozent Gesamteiweiß, darunter alle acht essenziellen Aminosäuren, vor allem auch in Getreiden seltenes Lysin. Darüber hinaus ist sie stärke- und gluten-, laktose- und natürlich cholesterinfrei. Als die Leguminose mit am meisten Eiweiß und am wenigsten Fett und Kohlenhydraten ist sie auch viel besser verdaulich und verursacht – mehr Erbse als Bohne – deutlich weniger Blähungen. Viel Protein und wenig Fett macht sie auch ideal für Sportler und alle, denen es um Muskeln einerseits und eine schlanke Figur andererseits geht.

Vor allem aber ist die Süßlupine kombiniert mit gutem Fett wie dem der Kokosnuss die ideale ketogene Nahrung für Krebspatienten. Dieses Buch bringt ihnen eine Fülle wundervoller Lupinen-Rezepte, die geeignet sind, die notwendige ketogene Kost sicherzustellen. Insofern ist es die ideale Ergänzung meines Buches *Das Geheimnis der Lebensenergie in der Nahrung*. Dafür sei im Namen so vieler Krebspatienten Dank.

Die schon fast unheimliche Kette der Vorteile dieser einheimischen, also lange Transportwege ersparenden, mit einem hohen Gen-Alter gesegneten, da schon auf die alten Ägypter zurückgehenden Pflanze ist schier endlos. Das natürliche, besonders schöne Pflanzengeschöpf, das ohne jede Spezialdüngung oder gar Pflanzenschutz bei uns in der Natur wächst, hat an ihrem Gesamtfett einen Anteil an ungesättigten Fettsäuren, die wir neben gesättigtem Fett wie dem der Kokosnuss brauchen, von sage und schreibe 85 Prozent.

Wie ein Wunder – extra für uns Moderne geschaffen – wirkt auch ihre einzigartig basische Wirkung, während andere Eiweiße schon wegen der Aminosäuren eher sauer reagieren. Ein Ballaststoffanteil von 15 Prozent verstärkt und verbessert die Verdauung weiter, und ganz nebenbei enthält die Lupine wesentliche Mineralien wie Kalium, Kalzium und Magnesium, aber auch Eisen und die Vitamine B1 und A. Wen wundert da noch ihr obendrein hoher Anteil an wesentlichen sekundären Pflanzenstoffen, die krebshemmend und antioxidativ auch vorzeitigem Altern entgegenwirken. Trotz so hohem Proteinanteil enthält die Lupine, anders als andere Eiweißlieferanten, ungewöhnlich wenig Purine, die beim Abbau zu Harnsäure werden und Gicht fördern. Die (Süß-)Lupine scheint einfach gar nichts an sich zu haben, was uns Menschen schaden könnte.

Selbst ihre Nebenwirkungen sind noch positiv. Statt dem Boden Nährstoffe zu rauben, führt sie ihm im Gegenteil noch welche zu und bringt mithilfe von Bakterien Stickstoff hinein. Sie lockert mit ihren langen Wurzeln die Böden auf und ist ein einziger Glücksfall für moderne ausgelaugte Böden und Esser.

Selbst ihre nur gering vorhandenen Kohlenhydrate zeichnen sich durch einen ausgesprochen niedrigen glykämischen Index aus – ideal für Krebstherapie und -vorbeugung, aber auch für Diabetiker.

Da wir abends wenig Brennstoff (Kohlenhydrate und Fett), aber viel für Regeneration und Muskelaufbau (Protein) brauchen, kommt die (Süß-)Lupine auch hier gerade recht und wird so zum Prototyp einer gesunden Low-Carb-Kost, da ihr pflanzliches Eiweiß im Gegensatz zu tierischem tatsächlich gesund ist.

Christian Wenzel sei Dank, all das auch noch in schmackhaften Menüs mundgerecht aufbereitet zu haben.

Ruediger Dahlke

www.dahlke.at

13

Komm mit auf die Reise der Süßlupine

In diesem Buch begibst du dich auf eine Reise, die dir die Welt der Lupine von vor Tausenden von Jahren bis heute zeigt. Du lernst dabei, was sie so besonders und wertvoll macht und warum die Zeit ihrer Wertschätzung jetzt erst noch kommt. Außerdem erfährst du, wie sie dir zu einer abwechslungsreichen Ernährung verhilft, dich in deinem Wohlbefinden unterstützt und dir unvergesslichen Genuss bereitet. Du findest in diesem Buch über 55 teils bunt bebilderte Rezepte, die gemeinsam mit Starkoch Jan Wischnewski entwickelt wurden und nicht nur deinen Gaumen glücklich machen, sondern auch deiner Seele und deiner Figur guttun.

Du möchtest besser aussehen und dich gesünder ernähren? Du willst abnehmen und einen sexy Körper bekommen? Oder als Veganer und Vegetarier abwechslungsreicher essen? Dann ist dieses Buch genau richtig für dich. Es geht dabei nicht darum, deine Ernährung komplett umzustellen oder Veganer und Lupinenjunkie zu werden. Eher geht es darum, ein besseres Verständnis für diese wunderbare Pflanze zu entwickeln und gleichzeitig eine gesunde und genussvolle Ernährung zu entdecken.

Jede Mahlzeit, die du aus diesem Buch zu dir nimmst, hilft dir, deinen eigenen Körper gesünder und »glücklicher« zu machen, und nützt der Umwelt. Du kannst die Rezepte hervorragend kombinieren oder einfach mit einem oder zwei Rezepten pro Woche anfangen. Sie sind einfach und du wirst sie lieben.

Essen hat mich wieder gesund gemacht. Vom Normalo mit Wohlstandsbauch, Neurodermitis und unreiner Haut bin ich zu einem gesunden, glücklichen und energiegeladenen Menschen geworden. Mit diesem Buch möchte ich auch dir zeigen, welche vielfältigen Vorteile die pflanzliche und gesunde Ernährung mit sich bringt.

Lass dich in diesem Buch besonders von der Süßlupine verzaubern!

Dein Christian

Christian Wenzel

Wie kann dir dieses Buch nützlich sein?

In diesem Buch sind 60 pflanzliche und basische Rezepte auf Basis der Süßlupine zusammengestellt, die du einfach und schnell zubereiten kannst. Die Rezepte schmecken unglaublich gut, machen satt und begleiten dich auf deinem Weg zur Traumfigur. Wertvolle Informationen rund um die Süßlupine und gesunde Ernährung runden das Buch ab.

Die Süßlupine – neuer Pflanzen-Protein-Star

Die Geschichte der Lupine und der Süßlupine

Die Geschichte der Lupine reicht bis in die Zeit der alten Ägypter und Griechen zurück. Diese beiden hoch entwickelten Völker nutzten die Lupinensamen bereits als hochwertiges Nahrungsmittel.

Die Lupine gehört zu der Familie der Hülsenfrüchte. Bestimmt hast du die wunderschöne Pflanze auch schon mal in der freien Natur gesehen oder ihre langen Blüten in einem herrlichen Blumenstrauß bewundert. Die Blüten der wilden Lupine sind meist blau, lila bis rötlich oder auch gelb und weiß.

Besonders im Juni bis August blühen diese bis zu 150 Zentimeter hohen Pflanzen auf vielen Feldern, am Straßenrand und vielleicht auch in deinem Garten. Ihre Frucht sind die eiweiß- und nährstoffreichen Lupinensamen, um die es in diesem Buch geht.

Die Heimat der Pflanze ist der Mittelmeerraum. Dort hat die Domestikation der Lupine schon im ägyptischen und römischen Altertum stattgefunden. Hippokrates (460–370 v. Chr.) hat bereits über den Anbau der Pflanze in seinen Schriften gesprochen. Cato der Ältere (234–149 v. Chr.) erwähnte sie mit den Worten »Lupine zählt zu den Feldfrüchten, die die Saat düngen«.

Dann, ca. 200 Jahre n. Chr., beschrieb Florentinus die Möglichkeit der Entbitterung der Samen für die Ernährung von Mensch und Tier. Damals mussten die Lupinensamen noch aufwendig in Salzwasser ausgewaschen und ausgekocht werden, um sie von den Bitterstoffen zu befreien. Wir gehen im weiteren Verlauf dieses Buchs noch näher auf diesen wichtigen Punkt ein.

Hildegard von Bingen schrieb schließlich im 12. Jahrhundert von der Lupine als »Viehbona«, Feigbohne, und setzte sie in unterschiedlichen Zubereitungen bei allerlei Krankheiten ein. Von da an trat die Lupine auch in Mitteleuropa in Erscheinung. Dann tat sich lange Zeit nichts, erst wieder im 18. Jahrhundert, als Friedrich der Große Versuche mit der weißen Lupine als Grunddüngung anordnete. Diese ersten Versuche scheiterten jedoch aufgrund der Spätreife der aus Italien importierten Lupinensorten.

Der richtige »Durchbruch« der Pflanze – vor allem zur Eiweiß- und Ölgewinnung – kam dann in den Notzeiten des 1. Weltkrieges. Aufzeichnungen zufolge lud im Oktober 1918 die Vereinigung für Angewandte Botanik zu einem »Lupinenfestessen« ein. Sogar das Tischtuch war aus Lupinenfaser hergestellt (aus der reifen Pflanze). Serviert wurden Köstlichkeiten aus Lupine: Lupinensuppe ebenso wie Lupinenbeefsteak in Lupinenöl gebraten und mit Lupinenextrakt gewürzt, als Nachtisch gab es Lupinenbutter und Lupinenkäse mit einem Lupinenschnaps, und anschließend wurde Lupinenkaffee gereicht. Nun konnte man sich die Hände mit Lupinenseife waschen und mit Handtüchern aus Lupinenfaser trocknen. Außerdem standen Schreibpapier aus Lupinenfaser und Umschläge mit Lupinenklebstoff bereit.[1]

Mit den Importmöglichkeiten von Eiweiß und anderen Rohstoffen schwand das Interesse an diesen »Hilfsgütern« dann jedoch wieder schnell.

Früher aßen die Menschen noch mehrmals in der Woche Hülsenfrüchte, denn diese waren wichtige Eiweißlieferanten und waren im Handel wesentlich günstiger als Fleischprodukte. Auch in Kriegszeiten wurde klassisches Brot mit Lupinen angereichert, um den Eiweißanteil zu erhöhen.

Die Süßlupine

Lupinen gibt es also schon sehr, sehr lange, jünger sind dagegen die Süßlupinen.

Wenn von diesen Süßlupinen die Rede ist, so geht es dabei um einen Oberbegriff für verschiedene Pflanzenarten, vergleichbar mit dem Gattungsbegriff »Getreide«. Immer wenn wir im weiteren Verlauf des Buches über die essbare Lupine sprechen, ist damit die Süßlupine gemeint.

Blau, weiß oder gelb?

Gelbe Lupine

Blaue Lupine

Weiße Lupine

Die Blüten der Süßlupine sind blau, weiß oder gelb. Botanisch gesehen, ist die Süßlupine verwandt mit den Erbsen, gehört also zu den Hülsenfrüchten. In Mitteleuropa gibt es drei wesentliche Süßlupinenarten: die Gelbe Lupine (Lupinus luteus), die Blaue oder Schmalblättrige Lupine (Lupinus angustifolius) und die Weiße Lupine (Lupinus albus).

Alle Sorten werden hierzulande angebaut und bieten unterschiedliche Merkmale, auch im Hinblick auf die Nährstoffe. Besonders interessant für die menschliche Ernährung ist die Weiße Süßlupine, da sie im

Vergleich den geringsten Bitterstoffgehalt enthält und größere Erträge aufweist. Allerdings hat sie auch höhere Ansprüche an den Anbau und die Bodenqualität.

Der Name der Süßlupine rührt nicht daher, dass die Samen süß schmecken, sondern geht auf die Herauszüchtung der Bitterstoffe aus der Lupine zurück. Diese – hauptsächlich zwischen 1920 und 1940 – gezüchteten Sorten sind nahezu bitterstofffrei. Pionierarbeit leistete hier der deutsche Botaniker Reinhold von Sengbusch, dem es erstmals richtig gelang, diese Bitterstoffe herauszuzüchten. Als Süßlupine gilt die Pflanze, wenn sie weniger als 0,04 Prozent Gesamtalkaloid besitzt.

Alkaloide sind Verbindungen, die hauptsächlich in Pflanzen vorkommen. Mittlerweile kennt man über 10 000 verschiedene. Die meisten sind giftig und haben einen bitteren Geschmack. In Pflanzen übernehmen Alkaloide eine wichtige Rolle bei der Entsorgung und Speicherung von überflüssigem Stickstoff. Ein positiver Effekt für die Pflanzen ist, dass Tiere diese nicht fressen. Früher mussten diese Stoffe aufwendig und über mehrere Tage aus der Lupine ausgewaschen werden, um sie für Mensch und Tier genießbar zu machen. Bei diesem Prozess gingen natürlich auch viele Nährstoffe verloren.

Nur die neueren Sorten der Süßlupine sind ohne Entbitterung genießbar und die Samen der Pflanze sind verwertbar, da sie für die Lebensmittelnutzung einen Alkaloidwert von unter 0,05 bis 0,02 Prozent haben. Laut der Gesellschaft zur Förderung der Lupine e. V. und deren 2007 veröffentlichtem Bericht ist dieser Anteil für den Menschen nicht gefährlich.[2] Auch eine geschmackliche Beeinträchtigung liegt nicht vor.

Neben der Verwendung für die menschliche Nahrung werden Lupinen auch für die Tiernahrung eingesetzt.

Was ist essbar?

Die essbaren Teile der Lupine sind nicht etwa ihre Blüten oder das Blatt, sondern die Samen. Diese werden auch **Lupinenkorn, Lupinenkerne** oder **Lupinenbohne** genannt.

Lass dich von den unterschiedlichen Begriffen nicht verwirren, sie meinen alle dasselbe. In diesem Buch verwenden wir hauptsächlich die Bezeichnung Lupinenkerne, da diese auch meist als Produktbezeichnung für die eingelegten Samen in Gebrauch ist.

Süßlupinen haben einen lieblich nussigen Charakter. In Portugal sind sie längst in fast jeder Bar als kleiner Snack auf den Tischen anzutreffen. Eingelegt in Salzlake dienen sie in vielen Gaststätten, Bars und Pubs als hervorragender Begleiter zum Bier. Doch nicht nur die Portugiesen kennen die Vorzüge des eiweißreichen Snacks. Auch in Spanien und Italien erfreuen sich die Kerne als

Lupinenkerne sind
der Hit in Portugal
und Italien

Knabberei zum Getränk größter Beliebtheit. Zusammen mit Oliven sind sie köstlich. In Portugal bekommt man sie in fast jedem Supermarkt und auf Märkten.

Neben den eingelegten und aufgequollenen Kernen gibt es mittlerweile auch in Deutschland in gut sortierten Bio-Supermärkten einige Lupinenfertigprodukte.

Für die Fertigprodukte wird in der Regel der ganze Kern (der ganze Samen) verwendet. Das hat den Vorteil, dass eine Vielzahl der wertvollen Inhaltsstoffe der Süßlupine erhalten bleibt. Die Kerne werden gekocht, vermahlen, verschieden gewürzt und dann zu Süßlupinenburgern, Würstchen oder Aufstrichen verarbeitet.

Die Süßlupine enthält keine Stärke und ist glutenfrei, laktosefrei, cholesterinfrei und sojafrei. Sie enthält alle acht essenziellen Aminosäuren und 36 bis 40 Prozent Gesamteiweiß. Besonders wertvoll ist die Aminosäure Lysin, die ansonsten in Getreide kaum vorkommt. Somit sorgt die Süßlupine für einen unbeschwerten, gesunden Genuss auf dem Teller und ganz nebenbei auch noch für eine Traumfigur.

Wenn in diesem Buch die Rede von der Lupine ist, dann sind immer die Süßlupine und die Produkte aus ihren Samen gemeint.

Warum die Süßlupine so gut ist

Stell dir deinen Körper als eine gigantische Ansammlung von Zellen vor. Wir bestehen aus 100 Billionen Zellen.[3] Diese Zellen sterben und neue werden gebildet. Das passiert mehrere Millionen Mal pro Sekunde. Um aber Zellen neu zu bilden, benötigt der Körper sogenannte Makronährstoffe (Eiweiß, Kohlenhydrate und Fette) sowie die Mikronährstoffe (Vitamine, Spurenelemente, Enzyme, Mineralien und andere). Durch diese ständige Veränderung, Neubildung, das Absterben von Zellen und die aktive Stoffwechseltätigkeit im Körper entsteht »Unordnung«. Durch gute Nahrung mit einem hohen »Ordnungszustand« bringen wir wieder »Ordnung« in den Körper. Die Nahrung, die wir dem Körper zuführen, liefert also nicht nur die Baustoffe in Form von Makro- und Mikronährstoffen, sondern eben auch Informationen, die dem Körper helfen, die Ordnung zu behalten.

Welche Nahrung bringt Ordnung?

Wir Menschen sind primär »Lichtsäuger«. Alle Lebewesen leben vom Licht. Nahrung kann also nur dann »Ordnungsgeber« sein, wenn sie selbst Lichtträger ist. Der deutsche Physiker Fritz-Albert Popp wies bereits 1975 nach, dass alles Lebendige ein schwaches Licht abstrahlt. Je mehr Licht ein Nahrungsmittel enthält, desto höher ist seine Fähigkeit, unserem Körper zu dienen, denn alle Pflanzen und Tiere geben ihre aufgenommene Lichtinformation in der Nahrungskette weiter. Das bedeutet: Je natürlicher und frischer unsere Lebensmittel sind, desto höher ist deren Lichtspeicherfähigkeit und die Weitergabe dieser Information. Das heißt umgekehrt: Je stärker verändert oder künstlich hergestellt ein Lebensmittel ist, beispielsweise durch Genmanipulation, starke Verarbeitung und so weiter, desto weniger Ordnung schafft es im menschlichen Körper, es erzeugt eher Unordnung.

Ein Steak, das aus von Gentechnik verunreinigten Sojabohnen hergestellt wird und geschmacklich so manipuliert wird, dass es wie ein Steak aus Fleisch schmeckt, schafft genauso Unordnung wie Mentos in Coca Cola. Probier das einmal aus, dann weißt du, was ich meine.

Betrachten wir jetzt den Informationsgehalt der farbenprächtigen, natürlichen und (gentechnisch) unveränderten Süßlupine. Dabei handelt es sich um eine natürliche Pflanze, die ohne Behandlung in der Natur wächst und den ganzen Tag wertvolles Licht aufnimmt. Auch nach der Ernte der Lupinenpflanze werden in der Regel schonende Verfahren zur Weiterverarbeitung eingesetzt.

Zur Aufbereitung der Lupine wird eine umweltschonende Wasserextraktion genutzt, um ihre antinutritiven Stoffe, wie blähenden Zucker und Bitterstoffe, zu entfernen.

Bei der Lupinenverarbeitung wird jeglicher Kontakt mit organischen Lösungsmitteln vermieden. Das Lupinenprotein wird somit nicht denaturiert und behält seine hohe Funktionalität. Dadurch wird ein gesundes Lebensmittel erreicht, welches unseren Körper mit wertvollen (Licht-)Informationen versorgt, Entzündungen reduziert, das Immunsystem ankurbelt und dafür sorgt, dass in uns »Ordnung« herrscht.

Sobald wir die Süßlupine auch als Informationsträger begreifen, werden wir noch mehr dazu motiviert, sie auch zu verwenden.

Die Lupine ist frei von ...

Die Lupine ist cholesterinfrei

Cholesterin ist ein Baustein unseres Körpers, welcher – wenn im Überfluss vorhanden – gefährlich sein kann. Schlaganfälle, Herzinfarkte und allgemein Herz-Kreislauf-Erkrankungen werden dem Cholesterin zugeschrieben. Häufige Ursache sind zu viele tierische Lebensmittel, allen voran Fleisch und Milchprodukte. Dabei muss Cholesterin nicht einmal über die Nahrung zugeführt werden, denn unser Körper kann es bei Mangel selbst bilden.

Die Lupine ist cholesterinfrei und alle Rezepte in diesem Buch sind vegan. Mit jedem

Kurzer Steckbrief
der Süßlupine

- heimischer und gentechnikfreier Anbau
- hoher Eiweißgehalt von 36 bis 40 Prozent
- enthält alle acht essenziellen Aminosäuren
- Anteil von 85 Prozent der gesunden,
  ungesättigten Fettsäuren am Gesamtfett
- geeignet für eine basische Ernährung
- glutenfrei
- laktosefrei
- cholesterinfrei
- Ballaststoffanteil von 15 Prozent
- enthält u. a. die Vitamine B1, A und Kalium,
  Kalzium und Magnesium

Gericht, das du nach einem Rezept aus diesem Buch zubereitest und zu dir nimmst, sinkt also dein Risiko, die üblichen Zivilisationskrankheiten zu bekommen. Stattdessen unterstützt es dich dabei, einen gesunden und starken Körper aufzubauen.

Die Lupine ist sojafrei

Soja ist bereits seit Längerem aus verschiedenen Gründen in Verruf geraten. Im Kapitel »Die Lupine im direkten Vergleich mit der Sojabohne« beschäftigen wir uns intensiver mit Soja und den Unterschieden zur Lupine. Eines der Hauptprobleme von Soja ist die weitreichende Genmanipulation dieser Nutzpflanze. Gensoja wird vor allem in den USA und in Südamerika angebaut und durch diese Freisetzung hat die »transgene« Sojabohne ihre natürlichen Artgenossen wohl bereits weitgehend infiziert. Durch Pollenflug könnte dann auch Bio-Soja infiziert sein, ein hundertprozentiger Schutz ist laut verschiedener Experten wohl nicht mehr möglich.

Des Weiteren ist die hohe Pestizidbelastung ein großes Thema. Denn Soja wird hauptsächlich in Monokulturen angebaut. Um dadurch bedingtes Unkraut und Krankheiten zu bekämpfen, werden immer mehr und neue Pestizide notwendig. Diese werden natürlich auch in der Sojabohne gespeichert, was zu einem Giftcocktail führt. Tolle Beiträge zu diesem Thema hält der WWF (World Wide Fund For Nature) bereit.[4]

Die Lupine ist glutenfrei

Gluten ist eine Eiweißverbindung, die in fast allen Getreidesorten vorkommt. Wenn die einzelnen Eiweißbestandteile nass werden, verbinden sie sich und es entsteht Gluten – auch Kleber genannt. Gluten aus Weizen besteht unter anderem aus Gliadin, einem sogenannten Lektin. Obwohl Lektine auch aus Eiweißbestandteilen bestehen, werden sie von den Pflanzen häufig als Anti-Nährstoffe gebildet, um natürliche Fressfeinde fernzuhalten. Meist sind die Lektine für den Menschen harmlos, einige sind jedoch toxisch. Sie haften sich gerne an den Dünndarm und können diesen beschädigen. Eine hohe Konzentration dieser Stoffe findet man in Weizen und Soja. In der Vergangenheit wurden neue Weizensorten gezüchtet, die viel mehr Gluten enthalten als die ursprünglichen Arten. Darauf ist unser Körper natürlich nicht vorbereitet. Mittlerweile reagiert jeder Dritte in der westlichen Welt glutensensitiv.

Die Süßlupine ist frei von Gluten und in den Rezepten in diesem Buch wird kein Weizen oder Soja verwendet.

Die Lupine ist laktosefrei

Laktose ist Milchzucker aus der Milch von Säugetieren und kommt nicht nur in Kuhmilch vor. Zur Verwertung von Laktose im menschlichen Körper wird das Enzym Laktase benötigt. Doch Laktose ist mittlerweile nicht mehr nur in der Milch enthalten. Die Industrie verwendet es als Hilfsstoff auch in vielen anderen Lebensmitteln wie

Müslimischungen, Wurst und zahlreichen Fertiggerichten. In Deutschland sind rund 15 Prozent aller Menschen laktoseintolerant, weltweit sind es sogar 75 Prozent.[5] Es könnte also sein, dass auch du laktoseintolerant bist, ohne es zu wissen.

Mit der Verwendung der natürlichen Lupine und deren Produkten bleibst du frei von vielen Beschwerden und den üblichen Intoleranzen und kannst unbeschwert genießen.

Die Lupine ist in vielerlei Hinsicht wertvoll

Für die Gesundheit

Hierbei heißt das Stichwort Detox. Aufgrund des hohen Ballaststoffanteils von bis zu 15 Prozent reinigt die Süßlupine deinen Darm.

Ballaststoffe sind meist unverdauliche Stoffe, die wir mit der pflanzlichen Nahrung aufnehmen. Wasserlösliche Ballaststoffe kommen hauptsächlich in Obst und Gemüse vor. Sie fungieren als Quellstoff und können größere Mengen Wasser und auch überschüssiges Cholesterin binden.

Diese gelartige Substanz der Ballaststoffe verlangsamt die Verdauung, während sie sich durch den Darm bewegt. Dadurch bleibt der Blutzuckerspiegel konstant. Durch die erhöhte Stuhlmenge drückt die Substanz auch an die Darmwand und löst

festgesteckte Reste. Somit reinigen Ballaststoffe den Darm.

Die unlöslichen Ballaststoffe kommen vornehmlich über Getreide und Hülsenfrüchte in den Körper. Sie fördern das Sättigungsgefühl, da sie gründlicher gekaut werden und im Darm die Nahrung »verdünnen«. Sie weichen damit ebenfalls den Stuhl auf und vermehren auch dessen Menge.

Ein gesunder Darm ist essenziell für dein Wohlbefinden und deine Gesundheit.

Ein hervorragendes Detox-Lupinen-Rezept mit vielen Ballaststoffen ist der Green-Lupine-Detox-Smoothie. Er enthält neben dem hohen Ballaststoffanteil aus dem Grünkohl und der Lupine auch die Chlorella-Alge. Diese Alge ist ein wahres Wunderwerk. Sie bindet und scheidet Schwermetalle und andere giftige Substanzen aus unserem Körper aus und enthält einen sehr hohen Chlorophyllanteil, der den Sauerstoffgehalt im Blut erhöht. Somit verbessert sie allgemein das Körpermilieu.

Neben dem hohen Gehalt an wertvollen und leicht verdaulichen Vitaminen und Spurenelementen der Alge besticht der Smoothie durch den hohen Eiweißanteil der Lupine, des Grünkohls sowie des Spinats.

Der Smoothie ist auch ein hervorragender After-Workout-Shake, da er durch die schnell verdaulichen Kohlenhydrate aus der Banane und der Birne, das hochwertige Eiweiß der Lupine, dem Spinat und auch der Chlorella-Alge, schnell verarbeitet werden kann. Er füllt die nach dem Sport leeren Speicher wieder mit hochwertigen Bausteinen auf.

Eines ist noch wichtig: Achte beim Kauf der Chlorella-Alge auf eine hohe Reinheit und ein schonendes Herstellungsverfahren des Produktes. Leider sind viele auf dem Markt befindliche Produkte belastet. Wähle daher

Green-Lupinen-Detox-Smoothie

Für 2 Personen

2 Handvoll Spinat
1 Handvoll Grünkohl
20 g Lupinenmehl
1 1/2 reife Bananen
   (ca. 200 g)
1/2 Avocado (ca. 80 g)
1 Birne
1 TL Kokosöl
1 TL Chlorella (oder 5 Tabs)
300 ml Kokosnuss-Wasser

am besten eine Bio-Variante eines Hersteller deines Vertrauens.

Weitere gesunde Inhaltsstoffe der Lupine

Die Lupine enthält reichlich Eisen, Kalzium, Kalium und Magnesium, welche für den Fettstoffwechsel sowie den Muskelaufbau sehr wichtig sind. Außerdem ist sie reich an sekundären Pflanzenstoffen, die krebshemmend und antioxidativ wirken. Diese Stoffe reinigen deinen Körper also von Giften. Süßlupinen sind auch ungekocht nicht giftig und enthalten keine wertmindernden Inhaltsstoffe.

Trotz des hohen Eiweißanteils hat die Lupine einen niedrigen Anteil an Harnsäure bildendem Purin, was bei vielen anderen Eiweißprodukten häufig ein Problem darstellt. Beim Abbau von Purin entsteht nämlich Harnsäure. Diese kann bei manchen Menschen – vor allem Männern – nicht vollständig über den Harn ausgeschieden werden, was zu Ablagerungen in den Gelenken führen kann. Die Folge davon ist häufig Gicht.

Vorsicht bei Nussallergie

Als Allergiker solltest du bedenken, dass viele Eiweiße allergische Reaktionen auslösen können. Das ist natürlich auch bei Lupinenprotein nicht anders. Gerade Nussallergiker können auch auf die Süßlupine reagieren. Die Süßlupine ist oft in geringen Mengen in Produkten wie beispielsweise

Vollkornbroten enthalten. Bitte hier genau aufpassen und die Inhaltsstoffe studieren.

Probiere im Falle einer allergischen Reaktion für einen bestimmten Testzeitraum aus, auf zusätzlichen Zucker und auch zu viel Obst und Kohlenhydrate zu verzichten. Denn Zucker ist wie Dünger für krankmachende Bakterien und Pilze.

Wenn Pilze und Parasiten unseren Darm überwuchern, kann ein Verzicht auf Zucker für einen gewissen Zeitraum sinnvoll sein, um herauszufinden, ob tatsächlich eine Intoleranz gegen die Süßlupine vorliegt oder ob andere Ursachen der Grund dafür sind. Du kannst auch einen Gesundheitscheck für deinen Darm machen. Dazu kaufst du beispielsweise einen Test über einen Anbieter deiner Wahl. Dieser schickt dir ein Päckchen mit einer genauen Anleitung. Die Stuhlprobe schickst du dann im Gefäß zurück und erhältst nach einigen Tagen dein Ergebnis.

In diesem Buch findest du viele Rezepte ohne Obst und ohne zusätzlichen Zucker. Zusätzlich lernst du einige Alternativen zu Zucker kennen.

Für einen sexy Körper

Mit dem hohen Eiweißanteil zu dem vergleichsweise geringen Fett- und Kohlenhydratanteil fügt sich die Süßlupine sehr gut in einen »schlanken« Ernährungsplan ein und versorgt den Körper gleichzeitig mit vielen Ballaststoffen und Mineralien, die sättigen, ohne große Mengen essen zu müssen. Überdies ist die Proteinqualität sehr hoch, da auch limitierende Aminosäuren wie Lysin, Tryptophan und Methionin ausreichend vorhanden sind. Kombinierst du in deiner Ernährung Süßlupinenprodukte zudem noch geschickt mit Getreide oder Mais, erhältst du eine sehr hohe Eiweißwertigkeit.

Lupinen bestehen aus basischem Eiweiß und haben einen sehr niedrigen glykämischen Index (GI oder Glyx).

Low Carb

Sicher hast du auch schon von der sogenannten Low-Carb-Ernährung gehört. Hierbei spielt der GI eine Rolle. Der glykämische Index wird in Prozent ausgedrückt und bestimmt, wie ein kohlenhydrathaltiges Lebensmittel auf den Blutzuckerspiegel wirkt. Ist der Wert niedrig, bedeutet das, dass die im Lebensmittel enthaltenen Kohlenhydrate langsam zur Verfügung stehen und einen steilen Blutzuckeranstieg verhindern. Ein niedriger glykämischer Index ist deshalb von Vorteil, um Heißhungerattacken zu vermeiden. Für Menschen, die ihr Gewicht halten oder abnehmen wollen, ist es daher elementar, dass Lebensmittel einen niedrigen glykämischen Index aufweisen. Generell gilt: Je höher der Verarbeitungsgrad der Lebensmittel und je niedriger der Ballaststoffanteil, desto höher der GI und desto mehr wird das »Suchtzentrum« im Gehirn aktiviert, welches Heißhungerattacken fördert.

Low Carb ist mittlerweile mehr als nur ein Trend. Es ist zu einer Ernährungsform geworden, die oft in Verbindung mit Gewichtsabnahme steht. Dabei gibt es viele verschiedene Herangehensweisen. Berühmte Autoren wie Robert Atkins, David Kirsch oder Ulrich Strunz haben unterschiedliche Varianten der Low-Carb-Ernährung entwickelt, denen gemeinsam ist, dass die Zufuhr an Kohlenhydraten reduziert wird. Auf wie viel Gramm Kohlenhydrate pro Tag ist je nach Programm unterschiedlich. Teilweise wird auch zwischen »guten« und »schlechten« Kohlenhydraten unterschieden.

Low-Carb-Ernährung eignet sich übrigens besonders für Mahlzeiten am Abend. Denn abends benötigt unser Körper in der Regel weniger Energie als tagsüber, da die Nacht bevorsteht und der Aktivitätslevel abnimmt. In der Nacht ist unser System verstärkt mit der Reparatur des Körpers beschäftigt. Daher wird hauptsächlich der Baustoff Eiweiß benötigt. Schnelle Energie in Form von Kohlenhydraten sollte eher morgens und mittags auf dem Speiseplan stehen und ist am Abend weniger notwendig. Ein »leichtes« Rezept mit hochwertigem Eiweiß fördert also die Zellregeneration.

Daher sind viele kohlenhydratarme Hauptgerichte in diesem Buch für den Abend ausgewiesen. Viele Rezepte kannst du als Low-Carb-Variante zubereiten oder sie sind bereits Low Carb.

Auf S. 8/9 findest du die komplette Auflistung der Low-Carb-Rezepte. Dazu gehört zum Beispiel unsere Lupinen-Ratatouille mit Blumenkohlreis (siehe S. 93). Neben dem hochwertigen Eiweiß der Lupinenkerne bekommst du hier nur natürliche und komplexe Kohlenhydrate in Form von frischem Gemüse. Ein wohlschmeckendes und hochwertiges Fitness-Gericht, welches Genuss und eine hervorragende Figur garantiert.

Keine Diäten

Mit der Süßlupine in deinem Ernährungsplan sagst du Diäten den Kampf an. Mit Diäten wird in der Regel auch der Stoffwechsel beeinflusst, doch es ist wichtig, dass dieser aktiv bleibt. Durch die Rezepte in diesem Buch hast du einen großen Vorteil: Du wirst genussvoll satt, sorgst für viel hochwertiges Protein für deine Muskeln und nimmst gleichzeitig an Körperfett ab, da die vital- und ballaststoffreiche Ernährung deinem Körper genau das gibt, was er benötigt.

Für die Umwelt

Lupinenpflanzen sind keine Nährstoffräuber, im Gegenteil: Wenn sich die bis zu 1,5 Meter langen Pfahlwurzeln der Pflanze richtig entfalten können, dann lockern sie den Boden auf, holen mithilfe von Bakterien den Stickstoff aus der Luft und geben den überflüssigen Stickstoff wieder an den Boden ab.

An den Wurzeln wachsen kleine Knöllchen, in denen Rhizobium-Bakterien angesiedelt sind. Diese Bakterien verbinden sich mit der Lupine und bekommen von ihr Kohlenhydrate, Proteine und Mineralstoffe weitergeleitet. Im Austausch stellen sie der Pflanze reichlich Phosphat und Stickstoff zur Verfügung. Diese Bakterien sind auch dafür verantwortlich, dass die Lupine Stickstoff aus der Luft binden und verwerten kann. Normalerweise müssen Pflanzen ihren Stickstoff nämlich aus dem Boden holen. Irgendwann ist dieser verbraucht, dann muss künstlich nachgedüngt werden. Dies ist bei der Lupine nicht notwendig.

Auch die genetische Vielfalt der Lupine ist im Vergleich zur Sojabohne weit größer. Dies begünstigt züchterische Erfolge auch ohne Einsatz von Gentechnik, wodurch die »Ursprünglichkeit« des Produktes erhalten wird.

Da Süßlupinen in der Regel nicht importiert werden müssen, ist kein vermehrter CO_2-Ausstoß für ihren Transport nötig. Es müssen keine Regenwälder gerodet werden und Gentechnik zum Einsatz kommen, wie es oft bei der Sojapflanze für die Tierfütterung der Fall ist.

Für ein gutes Gewissen

Mit dem Verzehr der Süßlupine hast du das gute Gefühl, einen Beitrag für eine bessere Welt zu leisten. Ein großer Anteil des Anbaus von Süßlupinen geschieht im Rahmen ökologischer und vor allem regionaler Landwirtschaft.

Da die Menge an Stickstoff und Phosphat, die die Pflanze bindet, höher ist als die Menge, die sie selbst verbraucht, sind Lupinen der reinste Naturdünger. Sie geben die überschüssigen Mengen an den Boden ab und können so in den Jahren, in denen sich der Acker »erholt«, gepflanzt werden und den Boden wieder regenerieren. Einige Sorten der Süßlupine sind anspruchslos und vertragen sogar Frost und Hitze. Daher ist die Lupine auch in unseren heimischen Gefilden verbreitet, im Gegensatz zur Sojabohne, die hier zwar auch, jedoch viel seltener zu finden ist.

Lupinen sind Pflanzen und es müssen für die aus ihnen gewonnenen Produkte keine Lebewesen leiden. Zudem müssen keine Wälder gerodet werden, um neuen fruchtbaren Ackerboden zu schaffen, da die Süßlupine auch auf kargen Böden und unter schlechten Bedingungen wächst.

Neben den ethischen Aspekten gibt es noch weitere sehr praktische Vorteile: Lupineneiweiß bindet Wasser und Fett, hält Brot frisch und locker, schützt Fett vor dem Ranzigwerden, macht Schaum stabil und Gebäck lange saftig.

Selbst bei den Fertigprodukten verzichten die meisten Hersteller auf künstliche Zusatzstoffe, daher sind diese häufig frei von Laktose und Cholesterin. Du hast also nicht nur ein gutes Gewissen, sondern auch noch etwas Leckeres und Gesundes im Magen.

Lupine vs. Soja, Erbsen & Co.

Hülsenfrüchte sind gut für dich. Nicht umsonst ernannte die Generalversammlung der UN das Jahr 2016 zum Jahr der Hülsenfrüchte. Damit soll das Bewusstsein der ernährungsphysiologischen Vorteile der Hülsenfrüchte gestärkt werden.

Die bekanntesten Vertreter sind Linsen, Bohnen, Erbsen, Kichererbsen und eben auch die Lupine. Hülsenfrüchte, oder auch Leguminosen, sind eine wichtige Quelle pflanzlichen Proteins für Mensch und Tier.

Hülsenfrüchte sind »reich«

Kleine, aber mit Eiweiß und vielen Nährstoffen vollgepackte Powerbomben, das sind Hülsenfrüchte. Sie enthalten im Schnitt dreimal mehr Eiweiß als Reis und doppelt so viel Eiweiß wie Getreide. Zudem liefern sie die wertvollen komplexen Kohlenhydrate und viele Vitamine der Vitamin-B-Familie. Außerdem beinhalten sie zahlreiche Ballaststoffe, die angenehm sättigen, und das bei einem geringen Kalorienanteil von etwa 260 bis 360 kcal je 100g und Sorte Trockengewicht.

Die Lupine hat ganz klar die Nase vorn, gerade wenn es um den Gehalt wichtiger Mineralstoffe, Eiweiße und Ballaststoffe geht. Doch warum sind dann Erbse, Bohne & Co. noch viel bekannter und zum Beispiel Soja immer noch viel beliebter?

Hülsenfrüchte	Eiweiß	Kohlen- hydrate	Fett	Ballaststoffe	Mineralstoffe
Lupine	36–48	5	4–7	15–18	4–5
Sojabohne	35–45	14,8	18–20	6,0	4–5
Erbse	23–26	40	1,5	6,8	2,7–3,7
Bohne	21	34–45	1,6	18–23	3,9

Die beliebtesten Hülsenfrüchte im direkten Vergleich (Angaben jeweils % der Trockenmasse)

Die wichtigsten zehn Gründe, Hülsenfrüchte zu essen:

- reich an Eisen
- reich an Protein
- reich an Folsäure
- reich an Kalium
- geringer glykämischer Index
- fettarm
- ballaststoffreich
- cholesterinfrei
- glutenfrei
- salzarm

TIPP

Wenn du Hülsenfrüchte mit Getreide kombinierst, erhöht sich die biologische Wertigkeit des Proteins in den Hülsenfrüchten, da es vom Körper besser aufgenommen werden kann.

Die Lupine im direkten Vergleich mit der Sojabohne

Die Lupine wird oft als das »Soja des Nordens« bezeichnet, da sie auch in Deutschland hervorragend gedeiht. Anbaugebiete sind vorwiegend in Sachsen-Anhalt, Mecklenburg-Vorpommern und Brandenburg. Die ungefähr erbsengroßen Samen der Pflanze enthalten je nach Sorte zwischen 36 bis 40 Prozent Eiweiß und erinnern damit stark an die Sojabohne. Doch das täuscht, denn die Lupine ist verwandt mit der Erbse und der Erdnuss und hat daher auch ihren leicht nussigen Geschmack.

Im Folgenden sind die großartigen Eigenschaften beider Pflanzen aufgelistet und im Anschluss nochmals deren spezifische Vorteile bezüglich ihrer Inhaltsstoffe bzw. Nachteile übersichtlich gegenübergestellt.

So kannst du dir ganz einfach einen Überblick verschaffen.

Gemeinsame positive Eigenschaften:

> hoher Gehalt an (pflanzlichem) Eiweiß

> hoher Gehalt an mehrfach ungesättigten Fettsäuren

> cholesterinfrei

> laktosefrei

> niedriger Gehalt an Kohlenhydraten (für die schlanke Figur)

> ballaststoffreich

> reich an Vitaminen

> reich an Mineralstoffen

Sojabohne

Lupine

Schauen wir uns neben diesen gemeinsamen positiven Eigenschaften nun die speziellen Vorteile von Soja an:

Spezielle Vorteile von Soja:

> *einfach zu bekommen, da weit verbreitet*
> *große Produktvielfalt*
> *durch den Massenanbau sind die Produkte derzeit vergleichsweise günstig zu erwerben*

Auf der anderen Seite sind jedoch mittlerweile 80 bis 90 Prozent[6] der weltweit angebauten Sojaernte gentechnisch verändert und viele befürchten, dass auch genfreie Sorten mittlerweile infiziert sind.

Zudem werden die gentechnisch veränderten Sorten als Tierfuttermittel verwendet und landen somit in unserem Körper, sofern wir Fleisch, Eier und Milchprodukte verzehren. Ich möchte Soja nicht verteufeln und esse selbst noch das ein oder andere Stück Tofu und trinke Sojamilch, doch es ist gerade bei Soja sehr wichtig, genau auf die Qualität zu achten. Es gibt durchaus sehr gute Initiativen und auch Unternehmen in Deutschland, die Bio-Soja vor Ort anbauen und damit auch den CO_2-Ausstoß minimieren. Informiere dich, dann steht auch dem gelegentlichen Genuss von Soja mit gutem Gewissen nichts im Wege.

Auf der anderen Seite nun die Vorteile der Lupine:

> *enthält basisches Eiweiß*
> *besser verträglich als andere Hülsenfrüchte, weil sie weniger blähende Inhaltsstoffe aufweist*
> *leicht verdaulich*
> *geringer Anteil an Phytoöstrogenen (Phytoöstrogene sind hormonähnliche Substanzen, die zu einem Rückgang von Testosteron führen können. Sie stehen auch im Verdacht, die weiblichen Fortpflanzungsorgane und das Immunsystem zu verändern.)*
> *Inhaltsstoff-schonende Verarbeitung durch Wasserextraktionsmethode*
> *unter fünf Prozent Fett und Kohlenhydrate*
> *starker ökologischer und regionaler Anbau*
> *anspruchsloser Anbau, die Pflanze verträgt Hitze und Frost*
> *ist ein Bodenverbesserer*
> *benötigt keinen Dünger*
> *weltweit keine Gentechnik*

Wirkliche Nachteile der Lupine sind außer der Allergiegefahr nicht bekannt.

Ernährung

Ernährung ist wohl das am meisten diskutierte Thema im Zusammenhang mit Fitness. Egal welche Sportart, meist spielt die Ernährung eine wesentliche Rolle, wenn es um Leistungsfähigkeit geht. Es gibt mittlerweile unzählige Ratgeber und Theorien, was es schwer macht, die »perfekte« Ernährung zu finden.

Dazu kommt, dass jeder Körper unterschiedlich ist und wir uns auch öfters in unterschiedlichen Phasen unseres Lebens befinden. Ein Kleinkind hat natürlich andere Bedürfnisse an die Nahrung als ein Erwachsener. Und ein sehr aktiver Sportler braucht ganz anderen »Treibstoff« als ein Büroangestellter.

Allgemeingültige Hinweise sind daher differenziert zu betrachten. Wer sich jedoch nicht täglich mit dem Thema befasst, der hat es in der heutigen Zeit tatsächlich nicht leicht, noch den Überblick zu bewahren. Eigene Essgewohnheiten, viele verschiedene Einkaufsmöglichkeiten, unzählige Bio-Siegel, unterschiedliche Anbau- und Produktionsbedingungen erschweren es, noch zu wissen, was gut und sinnvoll ist. Oft wird zudem in der Werbung suggeriert, was gut für den Verbraucher sein soll.

Grundsätzlich lässt sich sagen, dass eine pflanzliche, abwechslungsreiche und vollwertige Ernährung die Basis für ein gesundes und fittes Leben ist. Dies betrifft sowohl den Körper als auch den Geist. Die in diesem Buch enthaltenen Rezepte stärken diese Basis. Neben der ausschließlich pflanzlichen Ernährung sind noch zwei weitere Faktoren für die Gesundheit wichtig.

Clean Eating

Die Philosophie des Clean Eating setzt auf unverarbeitete Lebensmittel, die frisch zubereitet werden. »Eat clean« bedeutet »Esse sauber«, also vollwertig, ohne Zusatzstoffe und möglichst unverarbeitet.

Aber Achtung: Vegane Ernährung bedeutet nicht automatisch auch, dass es sich dabei um Clean Eating handelt. Vielmehr kommt es auch hier auf die Auswahl der Lebensmittel und deren Zusammensetzung an. Produkte, die mehr als fünf Inhaltsstoffe enthalten oder solche, die nicht einfach aussprechbar sind, sind tabu.

Mir war es bei der Auswahl der Produkte und Rezepte für dieses Buch wichtig, so nahe wie möglich an der Natur bzw. der »Natürlichkeit« zu bleiben. Mit den enthaltenen Rezepten für Shakes und Smoothies sowie Snacks hast du auch genügend Anregungen, um auf fünf bis sechs Mahlzeiten am Tag zu kommen – eine der wichtigen Regeln beim Clean Eating. Die Rezepte auf Lupinenbasis helfen dir also dabei, dich »sauber« zu ernähren.

Basische bzw. basenüberschüssige Ernährung

Obwohl immer noch keine einhellige Übereinstimmung darin existiert, wie sich der Säure-Basen-Haushalt auf die Gesundheit des Körpers auswirkt, verdichten sich doch die Hinweise, dass ein wichtiger Zusammenhang besteht. Denn wenn der Säure-Basen-Haushalt aus dem Gleichgewicht gerät, laufen viele Körperfunktionen nicht mehr rund.

Bei vielen Menschen ist mittlerweile durch den Konsum von Kaffee, Milchprodukten, Fleisch sowie stark zuckerhaltigen Lebensmitteln ein Säureüberschuss entstanden, den der Körper regulieren muss. Abhilfe schafft hier eine basische oder basenüberschüssige Ernährung.

Die Lupine selbst sowie die aus ihr zubereiteten Gerichte, wie sie in diesem Buch vorgestellt werden, sind Teil einer solchen basenüberschüssigen Ernährung. Tatsächlich ist die Lupine eine der ganz wenigen stark eiweißhaltigen Produkte, die wirklich basisch sind. Das ist ein großer Vorteil.

Bei dieser Form der Ernährung werden hauptsächlich säurebildende Lebensmittel wie Fleisch, Eier und Milchprodukte aus konventioneller Landwirtschaft gemieden. Stattdessen liegt der Fokus auf basischen Lebensmitteln wie Gemüse, Obst, Nüssen, Samen sowie Salaten. Die wenigen »sauren« Ausnahmen wie zum Beispiel Kichererbsen, Buchweizenmehl, Pseudogetreide und Hül-

senfrüchte sind hingegen gute Säurebilder. Mit »guten Säurebildnern« sind hierbei Lebensmittel gemeint, die nur schwach Säure bilden und dem Körper gleichzeitig jede Menge wertvoller Vitalstoffe liefern.

Kalorien & Nährwerte

Sehen wir uns abschließend einen Nährwertevergleich zwischen unserem veganen Bolognese-Rezept mit der Lupine und einem herkömmlichen Spaghetti-Bolognese-Rezept an. Dabei wird schnell deutlich, wie wertvoll eine Ernährung im Sinne dieses Buches ist.

Die Standard-Spaghetti enthalten knapp 650 Kalorien und ganze 80 g Kohlenhydrate in Kombination mit fast 30 g tierischem Fett (mehrfach gesättigte Fettsäuren). Dabei haben sie nur wenige Gramm Ballaststoffe und bringen kaum Vitamine und Mineralstoffe mit. Da diese Spaghetti durch das enthaltene Fleisch schwerer verdaulich sind, stellen sie keine gute Ernährung im Sinne eines fitten und gesunden Körpers dar.

Ganz anders die Lupinen-Bolognese mit Zucchininudeln. Sie ist mit 340 kcal sehr leicht, bringt wenige, aber hochwertige Kohlenhydrate und gleichzeitig sehr viel Eiweiß und Ballaststoffe mit. Sogar der Fettgehalt ist geringer und das Fett besteht zum großen Teil aus gesünderen ungesättigten Fettsäuren. Der Energieaufwand zur Verarbeitung dieses Gerichtes ist für den Körper somit viel geringer, wodurch mehr

Leistung für andere Dinge zur Verfügung steht. Iss dich schön und gesund mit den Rezepten aus diesem Buch.

Fitness

Die richtige Ernährung ist nur ein Teilbereich eines gesunden und fitten Lebens. Der Körper möchte nämlich auch bewegt werden. Bewegung macht dich schlanker, du gewinnst mehr Energie und vor allem Lebensfreude. Gerade Fitness an der frischen Luft steigert dein Wohlbefinden optimal. Du benötigst keine teuren Fitnessgeräte, um einen sexy Körper zu bekommen. Sportarten, die überall ausgeführt werden können, wie Yoga, Pilates, Laufen oder Übungen mit dem eigenen Körpergewicht (Bodyweight-Training) machen deinen Körper und Geist widerstandsfähig, gesund und ausdauernd.

Die Lupine ist der optimale Begleiter für deinen Fitness-Lifestyle. Durch den hohen Gehalt an Protein eignet sich die Pflanze vor allem nach dem Sport für ein proteinreiches »After Workout Meal«, um den erhöhten Eiweißbedarf deines Körpers zu decken.

...upinen-Bolognese mit ...ucchininudeln
...ro Portion:
...40 kcal
...7,2 g Protein
...5,2 g Kohlenhydrate
...7,9 g Fett

Spaghetti Bolognese
Standard
Pro Portion:
640 kcal
29,5 g Protein
80,6 g Kohlenhydrate
20,9 g Fett

Seele

Dass du dich glücklich und ausgeglichen fühlst und im inneren Gleichgewicht bist, ist ein weiterer wichtiger Bestandteil eines gesunden Lebens. Nur so kannst du dein volles Potenzial abrufen. Die Rezepte in diesem Buch fördern die Entfaltung deiner körperlichen Energie und Leistungsfähigkeit. Einige Rezepte fallen in die Kategorie Soul-Food, sie streicheln durch die größere Menge der enthaltenen gesunden Kohlenhydrate ganz besonders deine Seele. Und das absolut »sündenfrei«!

Der Lupinen-Lifestyle

Für einen gesunden Lifestyle ist es enorm wichtig, bewusst zu essen und zu genießen. Dabei ist es entscheidend, sein Augenmerk auf zwei grundlegende Bereiche zu richten: nämlich was und wie wir essen.

Was wir essen

Selbstverständlich ist es entscheidend, welche Lebensmittel wir in unseren Körper lassen. Essen ist ein zentraler Bestandteil des Lebens. Genauso wie körperliche Nähe, Anerkennung oder der Wunsch nach Sicherheit gehören Essen und Trinken zu den Grundbedürfnissen unseres Lebens. Kommen wir diesen nicht ausreichend nach, mündet dies in seelischen sowie körperlichen Schmerz. Sicher kannst du dich noch an das letzte Mal erinnern, als du richtig Hunger hattest, dein Bauch komplett leer war und schon geschmerzt hat. Auf der anderen Seite kennst du wahrscheinlich auch den »Hunger nach mehr«. Das »seelische« Hungergefühl, das sich einstellt, wenn du deinem Körper zwar vielleicht genügend Nährstoffe zuführst, aber nicht die richtigen.

Es ist noch nicht allzu lange her, da war ich ein Functional-Food-Esser. Ich habe hauptsächlich das gegessen, was gut für meinen Körper zu sein schien. Jede Mahlzeit sollte vitaminreich, mineralstoffreich und vor allem »gesund« sein. Bei jedem Essen nahm ich Gemüse oder Blattgrün zu mir, oft sogar nur noch grüne Smoothies oder grüne und gesunde Nicecreams.

Ich aß all diese Dinge, weil ich es als notwendiges Übel angesehen habe. Auch bei den Beilagen achtete ich immer pedantisch darauf, dass sie keine leeren Kohlenhydrate beinhalten. Ich kontrollierte zudem sehr genau die Mengen und wollte ja nicht zu viel essen.

Zusätzlich musste es immer schnell gehen. Sowohl in der Zubereitung als auch beim Essen selbst.

Das alles belastete mich jedoch, ohne dass es mir bewusst war. Ich war ständig gereizt, lebte mein Leben dann auch in anderen Bereichen nach sehr strengen Richtlinien und

Nicecream ist eine leckere und gesunde Eiscreme ohne künstliche Zusatzstoffe und tierische Produkte. Der Begriff setzt sich aus den Worten »nice« und »ice cream« zusammen.

hatte natürlich sofort ein schlechtes Gewissen, sobald ich diese mal nicht eingehalten habe. Das alles änderte sich erst, als ich zu begreifen begann, dass alle möglichst unverarbeiteten Produkte aus der Natur unserem Körper dienen. Uns geht es nicht darum, Regeln aufzustellen, die letztlich nur zu Stress führen, unser Ansatz für ein gesundes Leben ist ein anderer.

In diesem Buch legen wir Wert auf hochwertige Lebensmittel wie die Lupine, um unseren Körper optimal zu versorgen. Egal was du isst, genieß es in vollen Zügen. Die Rezepte in diesem Buch sind so ausgelegt, dass du die Gerichte ohne schlechtes Ge-

wissen zu dir nehmen kannst. So macht das Essen Spaß und du wirst ganz neue Geschmackserlebnisse erfahren.

Wie wir essen

Natürlich ist nicht nur wichtig, was wir essen, sondern auch wie wir es essen. Wenn du dein Essen intensiv wahrnimmst und in Ruhe und ohne Zeitdruck isst, wirst du automatisch weniger zu dir nehmen, bist eher satt und auch die Verdauung funktioniert besser. Vermeide alle Ablenkungen wie Fernseher, Computer, Radio, Telefon und Arbeit und genieße das Essen zum Beispiel gemeinsam mit lieben Menschen. So kommst du in den maximalen Genuss der hier vorgestellten Rezepte.

Probiere auch mal Folgendes aus: Bedanke dich vor dem Essen für die reiche Speise und stelle dir in Gedanken vor, wie dieses wunderbare Essen deinen Körper auf großartige Art und Weise nährt und unterstützt.

Und vergiss niemals: Das Essen ist kein notwendiges Übel. Du darfst dankbar sein für jeden Bissen, er nährt und pflegt deinen Körper und macht dich stärker.

Mach keine Diät

Gesunde Ernährung und Fitness sind Teile deines Lifestyles, nicht nur ein Lebensabschnitt. Zwing dich nicht dazu, etwas durchzuziehen, wenn du nicht davon über-zeugt bist. Das macht dich weder glückli-cher noch gesünder. Genieße und esse dich satt mit gesunden Lebensmitteln, die zu dir passen. Du kannst auch gerne einmal die 80/20-Regel ausprobieren. Sie besagt, dass du mit 20 Prozent der Energie 80 Prozent der Ergebnisse erreichen kannst. Du kannst diese Regel gerne für dich etwas anpassen und sagen: 80 Prozent der Mahlzeiten sind gesund, sie bilden die Basis deines täglichen Speiseplans. Dafür wählst du gesunde Le-bensmittel, die dir auch wirklich schmecken und die du gerne isst. 20 Prozent der Mahl-zeiten sind reine Lustmahlzeiten. Dabei kannst du ohne jede Hemmung die Sachen essen, die du magst. Wichtig ist nur: Mach dir keine Gedanken darüber, ob diese schlecht sind für deinen Körper.

Cheat Days

Kennst du das Konzept der »Cheat Days«? Diese Methode wird oft im Bodybuilding angewendet. Bodybuilder wissen sehr viel über Ernährung und deren Auswirkung auf den Körper. Sie sind sich meist sehr be-wusst, was und wie viel sie essen müssen und natürlich auch zu welchem Zeitpunkt. Bodybuilder sind in der Regel sehr diszipli-niert beim Thema Ernährung. Auch sie wenden oft die 80/20-Regel an. An fünf bis sechs Tagen der Woche richten sie sich sehr streng nach ihrem Ernährungsplan und ih-ren Regeln. Doch an einem Tag in der Woche essen sie so viel sie wollen und was sie wol-len. Das Konzept der Cheat Days findet oft auch in Low-Carb-Diäten Anwendung.

Um deine Ernährung dauerhaft positiv zu gestalten, ist es entscheidend, dass du die oben erwähnten 80 Prozent deiner Mahl-zeiten nicht als »Diät«, »Pflicht« oder als »schwierig« ansiehst. Das wäre dann ver-gleichbar mit einer Arbeitsstelle, die du nur gewählt hast, weil du dort Geld verdienen kannst. Spaß hast du jedoch keinen bei die-ser Arbeit. Du kannst dir überlegen, wie lan-ge du das wohl durchhalten würdest. Der eine sicher länger, der andere kürzer, aber du wirst wohl kaum mit Freude arbeiten und es wenn möglich nicht dein ganzes Leben lang tun.

Genau das ist es aber, was du möchtest. In Zukunft soll es dir Spaß machen, gesund zu essen. Du sollst es genießen, dadurch fällt es auch leicht, dieses Ernährungskonzept bei-zubehalten.

Solange du dich genug bewegst und viel draußen bist, bleibst du fit.

Halte Balance

Höre jederzeit auf dein Inneres und finde die richtige Balance. Finde heraus, was dir gut tut, und handele danach – sowohl beim Es-sen als auch bei der Bewegung. Beim Stich-wort »Balance« möchte ich als Beispiel den Zuckerkonsum anführen:

»Zucker in Maßen ist doch nicht so schlimm«, wird oft behauptet. So einfach ist es meiner Meinung nach aber nicht. Zucker ist in sehr vielen Produkten oft auch versteckt enthalten, sodass der durchschnittliche Mitteleuropäer pro Woche im Schnitt 700 Gramm Zucker zu sich nimmt. Das sind 140 Teelöffel Zucker – pro Woche! Stell dir jetzt bitte mal vor deinem inneren Auge diesen riesigen Berg vor. Das ist die Menge an Zucker, die dein Körper in der Woche verarbeiten muss. Sicher wird er nicht alles davon brauchen. Es ist also sinnvoll, die Menge des konsumierten Zuckers zu reduzieren und auch auf gesündere Zuckerstoffe zu bauen.

»Zucker in Maßen ist doch nicht so schlimm.«

Das ist leider nur die halbe Wahrheit.

Es gibt verschiedene Arten von Zucker, auf die ich in diesem Buch nicht alle eingehen kann. Es gibt allerdings eine einfache Regel: Je isolierter oder verarbeiteter der Zucker ist, desto eher solltest du ihn meiden. Ein Beispiel: Oft wird der Fruchtzucker als »böse« verteufelt. Der Zucker, der etwa in einem ganzen Apfel vorkommt, enthält aber neben dem Fruchtzucker auch viele Vitamine, Mineralstoffe, Spurenelemente und sekundäre Pflanzenstoffe, die der Körper für einen natürlichen Stoffwechsel benötigt.

Oft wird der Fruchtzucker jedoch isoliert von der Frucht als »raffinierter Zucker« konsumiert. In diesem Zucker sind die erwähnten Mikronährstoffe nicht mehr vorhanden und der Zucker besteht somit nur noch aus Kohlenhydraten, die sofort den Blutzuckerspiegel ansteigen lassen und in den Fettdepots landen.

Die Lösung für den Überschuss an Zucker: Lass alles weg, was zugesetzten raffinierten Zucker enthält, vor allem gesüßte Getränke, Kuchen, Schokolade, Fertiggerichte und Marmeladen. Auch fettreduzierte Lebensmittel und Diätprodukte sowie einige Produkte, von denen wir es nicht erwarten, wie Ketchup oder Senf enthalten oft zugesetzten Zucker.

Achtung auch bei dem sogenannten Glucose-Fructose-Sirup. Dieses – auch Maissirup genannte – Zuckergemisch wird vielen Lebensmitteln hinzugefügt und steht im Verdacht, Fettleibigkeit und deren Folgeerkrankungen zu fördern. Es gibt allerdings keine Studien, welche bei einer mäßigen Aufnahme eine gesundheitsschädigende Wirkung belegen.

Alternativen zu Zucker

Stevia

Xylit

Datteln

Stevia ist eine Pflanze, die ursprünglich in Paraguay und Brasilien vorkommt. Die Süße basiert auf Molekülen, den sogenannten Steviolglycosiden, die bis zu 300-mal süßer sind als Zucker. Sie sind wasserlöslich und können so ohne chemischen Aufwand aus den Blättern extrahiert werden. Ein weiterer Vorteil ist, dass diese Moleküle keine Kalorien enthalten und laut aktuellem Wissensstand keine Karies hervorrufen. Auch haben wissenschaftliche Untersuchungen gezeigt, dass Stevia den Blutzuckerspiegel nicht beeinflusst. Der Geschmack von Stevis ist allerdings etwas anders als der von Zucker. Du möchtest mehr über Stevia wissen? Unter www.freestevia.de/what/what.html findest du viele Hintergrundinformationen über Anbau und Produkte sowie Verweise auf Studien.

Xylit klingt zwar unnatürlich oder gar chemisch, ist aber ein zu 100 Prozent natürlicher Stoff. Xylit-Quellen sind verschiedene Obst- und Gemüsesorten wie Erdbeeren, Himbeeren, Pflaumen oder auch Blumenkohl. In der Rinde der Birke ist Xylit ebenfalls in größeren Mengen vorhanden, daher wird es auch häufig als Birkenzucker bezeichnet. Xylit für den Handel wird meist aus Maiskolben gewonnen.

Der Stoff weist nur etwa die Hälfte der Kalorien von raffiniertem Zucker auf und hat viele gute Eigenschaften:

> Xylit eignet sich zum Kochen und Backen.
> Es fördert die Remineralisierung der Zahnsubstanz.
> Es hat eine wissenschaftlich bewiesene kariesreduzierende Wirkung.

Nebenwirkungen sind nur bei übermäßigem Verbrauch in Form eines abführenden Effekts bekannt. Je nach Hersteller von Xylit unterscheidet sich die Herkunft.

Ein bekannter Produzent ist zum Beispiel Xucker, dessen gleichnamiges Produkt aus nicht gentechnisch verändertem Mais gewonnen wird.[7]

Xucker erwähne ich deshalb, weil er aussieht wie Zucker und auch so verwendet werden kann. Das macht die Handhabung simpel. Du kannst die in den Rezepten erwähnten Mengen an Zucker einfach durch Xucker ersetzen.

Die Dattel ist die Frucht des Orients und wird auch »Brot der Wüste« genannt. Warum? Die Dattelpalme ist in den trockensten und heißesten Ländern der Erde zu Hause und ist ein Überlebenskünstler. Außerdem ist sie vitaminreich und enthält vor allem die Vitamine A, C und D sowie viele Mineralstoffe wie Kalzium, Magnesium und Kalium. Die vielen Ballaststoffe machen zudem satt. Und das Beste: Datteln sind in der Regel Rohkostprodukte und werden nicht verarbeitet. So stehen die enthaltenen Inhaltsstoffe unvermindert zur Verfügung.

Datteln eignen sich weniger zum Kochen und Backen als vielmehr zur süßen Veredelung von Müslis, Desserts und Shakes. Da sie größere Mengen der Aminosäure Tryptophan enthalten, aus welchem das Schlafhormon Melatonin gebildet wird, werden sie dir auch zu einem besseren Schlaf verhelfen.

Wie bereits gesagt, ist es wichtig, Alternativen für den häufig verwendeten raffinierten Zucker zu kennen und im eigenen Ernährungsplan einzusetzen. Auf den Seiten 44 bis 45 sind einige Beispiele genannt.

Du siehst, es gibt viele Möglichkeiten, raffinierten Zucker zu umgehen und durch bessere Alternativen zu ersetzen.

Wusstest du, dass die zusätzlichen Proteine, die du durch die Ernährung mit Lupine zu dir nimmst, die Lust auf Süßes hemmen?

Frische Lebensmittel machen den Unterschied

Bei der Lupine selbst können wir beim Einkauf nicht viel falsch machen. Die Kerne bekommst du frisch in einer leichten Salzlake eingelegt im Glas. Das hält die Qualität über Monate lang. Auch das Mehl ist – trocken gelagert – lange Zeit verwendbar.

Doch bei vielen anderen Zutaten unserer Rezepte ist das anders. Gerade Obst und Gemüse sollten so frisch und regional wie möglich eingekauft werden. Aber das ist gar nicht so einfach, denn oft vergehen von der Ernte bis zum Verkauf und schließlich dem Verzehr des Lebensmittels mehrere Tage, wenn nicht sogar Wochen. Wird das Lebensmittel dann noch erwärmt und erhitzt, bleibt von den guten Mikronährstoffen fast nichts mehr übrig.

Hier nun einige Tipps, wie du es schaffen kannst, möglichst frische Lebensmittel zu bekommen:

Der Wochenmarkt

Der einfachste Weg, saisonal und regional einzukaufen, sind Wochenmärkte. In vielen Städten und auch kleineren Gemeinden finden an verschiedenen Wochentagen sogenannte Markttage statt. Dabei bieten diverse Standbetreiber ihre meist frisch geernteten und vor Ort angebauten Produkte an. Alles, was nicht quer durch die halbe Welt gefahren werden muss, ist natürlich frischer und auch oft günstiger. Der Wochenmarkt kann es durchaus preislich mit den Supermärkten aufnehmen und hat aus meiner Sicht noch folgende weitere Vorteile:

> *Die Marktbetreiber haben meist strenge Auflagen, was die Frische der Lebensmittel angeht.*
> *Die Lebensmittel stammen in der Regel aus regionalem Anbau, was den CO_2-Fußabdruck deutlich minimiert.*
> *Ein direkter Austausch mit dem Erzeuger der Lebensmittel ist möglich. Das heißt, du kannst alle deine Fragen zu den Produkten loswerden und bekommst überdies oft wertvolle Hinweise und Tipps zur Lagerung, zu Verwendungsmöglichkeiten und manchmal sogar leckere Rezepte.*
> *Es ist relativ sicher, dass du saisonal einkaufst. Händler, die selbst angebaute Ware verkaufen, haben im Frühjahr keinen Grünkohl und im Herbst keinen Spargel im Angebot.*

Die beste Zeit für einen Marktbesuch ist der frühe Morgen, wenn die Stände gerade öffnen. Die Atmosphäre ist dann wunderbar. Es duftet nach frischem Obst und Gemüse und es ist noch nicht so voll. Oder du entscheidest dich dafür, kurz vor Ende des Marktes hinzugehen, denn dann versuchen die Händler oft noch, ihre Restbestände loszuwerden, und du kannst vielleicht das ein oder andere Schnäppchen machen.

Bio-Kisten

Ich gebe zu, es ist zeitaufwendig, auf den Markt zu gehen, wenn er nicht gleich in der Nähe stattfindet. Auch wenn es eine schöne und entspannende Erfahrung ist, über den Markt zu bummeln, hast du vielleicht einfach nicht die Zeit und Lust, dort einzukaufen. Eine alternative Option stellen die Anbieter diverser Bio-Kisten dar, die dir eine meist regionale Obst- und Gemüseauswahl bequem vor die Haustür liefern. Die Inhaltsmenge der Kisten lässt sich dabei meist nach Bedarf wählen, sodass nicht zu viel

übrig bleibt und hinterher weggeschmissen werden muss. Solltest du in einer Region leben, in der keine regionalen Bio-Kisten erhältlich sind, gibt es auch deutschlandweite Anbieter. Im hinteren Teil des Buches bei den Einkaufsempfehlungen findest du mehr Links dazu.

Bio-Supermärkte

Bio-Supermärkte haben oftmals frischere Lebensmittel als herkömmliche Supermärkte und natürlich auch ein größeres Sortiment an Bio-Produkten. Der Nachteil ist, dass sie im Vergleich oftmals teurer sind.

Einzelhandelsfachgeschäfte

Reformhäuser oder spezialisierte kleine Fachgeschäfte werden leider immer seltener. Solltest du einen in der Nähe haben, schau doch mal vorbei. Auch wenn der Preis der Lebensmittel etwas höher ist, wird dort auf der anderen Seite alles mit viel Liebe und Leidenschaft betrieben. Lebensmittel sind da keine bloßen Produkte, sie sind noch

das, was ihr Name ursprünglich bedeutet: Mittel zum Leben. Auch dort triffst du in der Regel auf ein fundiertes Fachwissen, was dir einige Recherche-Klicks im Internet ersparen kann – darüber hinaus präsentiert mit einem freundlichen Lächeln. Sehr oft haben diese Fachgeschäfte auch Lupinenprodukte oder kennen diese alte Pflanze. Frag einfach mal nach.

Zum Abschluss noch ein ganz allgemeiner Tipp: Geh niemals hungrig einkaufen, denn sonst wirst du schnell dazu verleitet, Dinge zu erstehen, die du gar nicht benötigst. Nimm dir Zeit für einen großen Wocheneinkauf und schreib dir einen Einkaufszettel. Denn ansonsten besteht laut Untersuchungen die Gefahr, im Schnitt ca. 25 Prozent mehr einzukaufen, als man später isst oder wirklich braucht.

Hol dir Farbe auf den Teller

Wenn du die Rezepte in diesem Buch anschaust, wirst du merken, dass alles sehr bunt aussieht. Das bedeutet, dass viele Vitamine und Mineralien auf deinem Teller sind, die für Abwechslung sorgen. Kennst du außerdem den Spruch: Das Auge isst mit? Dann weißt du ja, dass du zuerst mit den Augen und dann mit der Zunge genießt.

Richte dein Essen schön und anregend auf deinem Teller an und achte darauf, wie sich dein Appetit und die Lust auf das Essen dadurch noch steigern. Zusätzlich kannst du viele Gerichte mit bunten Kleinigkeiten wie zum Beispiel Granatapfelkernen garnieren, die nicht nur gut aussehen, sondern auch noch hervorragend schmecken und einen extra Vitaminschub gewähren.

Sei glücklich und achte (auf) deinen Körper

Vermeide auf jeden Fall Schuldgefühle. Selbst die leckersten Rezepte in diesem Buch sind so geartet, dass sie deinen gesunden Lifestyle unterstützen. Wechsle in deinem Speiseplan gut ab und gib deinem Körper das, was er braucht. Achte aber auch darauf, was er nicht benötigt. Dein Körper lässt es dich wissen, wenn er etwas bekommen hat, was ihm nicht gut tut. Meistens kommen diese Signale in Form von Lustlosigkeit, Verdauungsstörungen, Blähungen, Nervosität oder Übelkeit daher.

Sollte ein solcher Zustand länger anhalten, wirst du überdies ernsthaftere Probleme wie Diabetes, Herzleiden oder andere Folgeerscheinungen bekommen.

Blähungen müssen nicht sein

Viele Menschen beklagen Blähungen in Verbindung mit Lupinenprodukten. Das muss jedoch nicht unbedingt heißen, dass eine Lupinenunverträglichkeit vorliegt. Solltest du öfters Probleme mit Blähungen haben, dann versuche bitte Folgendes:

TIPP Halte immer einen Granatapfel im Kühlschrank bereit.

1. Nicht zu viel Verschiedenes essen! Heutzutage werden die Rezepte und die Auswahl an Lebensmitteln immer umfangreicher und außergewöhnlicher. Das hat zur Folge, dass wir viele verschiedene Zutaten in ein Essen mischen oder viele unterschiedliche Nahrungsmittel über den Tag verteilt essen. Je mehr Zutaten aber zusammenkommen, desto länger kann die Verdauung dauern.

2. In der richtigen Reihenfolge essen! Wenn schwer verdauliche Produkte wie stark fetthaltige und stark proteinreiche Nahrungsmittel, aber auch zu viel Ballaststoffe auf den Magen treffen, hat der Verdauungstrakt lange zu tun, um diese zu verwerten. Isst du danach sehr schnell verdauliche Lebensmittel wie Obst, müssen diese erst warten, bis die schwer verdauliche Nahrung verdaut ist. In dieser Zeit fängt das Obst an zu gären und verursacht die Blähungen. Achte deshalb darauf, einfach verdauliche Lebensmittel wie Obst und Gemüse zuerst zu essen. Noch einfacher machst du es dir, wenn du auf Milchprodukte, Fleisch und Fisch für eine Weile verzichtest. Diese proteinreichen tierischen Lebensmittel bleiben wesentlich länger im Verdauungstrakt als pflanzliche Proteine und können auch zu Blähungen führen. Mit den rein pflanzlichen Rezepten aus diesem Buch bekommst du genügend Eiweiß auch ohne tierische Produkte.

3. Einzelne Zutaten weglassen! Es gibt Gemüsesorten, die schwerer verdaulich sind als andere. Probiere im Fall von Blähungen einmal aus, folgende Lebensmittel wegzulassen, und prüfe, ob sich deine Blähungen danach verbessern: Kohl, Lauch, Zwiebeln, Bohnen, Pilze, schwarzer Tee, Kaffee, Vollkornprodukte.

4. Glutenunverträglichkeit! Isst du viele Getreideprodukte, kann auch eine mögliche Glutenunverträglichkeit für die Blähungen verantwortlich sein. Novak Djokovic beschreibt das eindrucksvoll in seinem Buch *Siegernahrung*. Mit dem Weglassen aller Lebensmittel, die Gluten enthalten (hauptsächlich Getreideprodukte), wurde er die Nummer eins im Welt-Tennis und fühlte sich rundum gesünder und fitter. Alle Rezepte in unserem Buch sind selbstverständlich glutenfrei und verzichten auch weitestgehend auf Getreideprodukte.

5. Warme Mahlzeiten und nichts trinken! Während des Essens nichts trinken ist eine alte Weisheit. In der Tat fahre auch ich besser damit, wenn ich zuletzt ca. 20 Minuten vor dem Essen und dann erst wieder 30 Minuten nach dem Essen Wasser ohne Kohlensäure trinke. Das Trinken nach dem Essen ist wichtig, um die Ausscheidung von Abfallprodukten und den Transport der Nährstoffe zu sichern. **Achtung:** Auch kohlensäurehaltiges Wasser kann Blähungen verursachen. Halte dich daher am besten an Wasser

ohne Kohlensäure. Kalte Mahlzeiten schwächen das »Verdauungsfeuer«. So besagen es schon seit vielen Jahren die östlichen Ernährungslehren. Probiere daher aus, ob sich etwas verändert, wenn du Mahlzeiten warm oder kalt zu dir nimmst.

6. Zu viele Ballaststoffe! Wir haben ja bereits über die positiven Eigenschaften der Ballaststoffe gesprochen. Doch gerade bei Menschen, die durch ihre Ernährung bisher wenig oder zu wenig Ballaststoffe zu sich genommen haben, kann ein plötzliches Übermaß an Ballaststoffen ebenfalls zu Vollgefühl oder Blähungen führen, da der Darm die faserreiche Kost nicht mehr gewohnt ist. Empfohlen sind 20 bis 40 g Ballaststoffe pro Tag. Solltest du viel rohes Obst und Gemüse essen oder viel Getreideprodukte konsumieren, kann es sein, dass du sehr viele Ballaststoffe zu dir nimmst. Daran muss sich der Körper erst gewöhnen. Ballaststoffreiche Lebensmittel sind: Weizenkleie, Erbsen, Vollkornnudeln, Erdnüsse, Kidneybohnen, Leinsamen, Kohlgemüse, Brokkoli und Früchtemüsli. Achte am besten mal darauf, ob dies der Grund für Blähungen bei dir sein kann.

Trau dich zu experimentieren

Sei kreativ und wandle die Rezepte nach Belieben ab. Bring Abwechslung in deinen Speiseplan und dein Leben. Gerade in der Ernährung kann das zu vielen positiven Resultaten führen. Eine Kleinigkeit zu verändern kann oft einen großen Energiezuwachs oder die Linderung von Beschwerden zur Folge haben. Füge eine Extraportion Obst und Gemüse dazu oder ersetze einzelne Zutaten durch andere. Das Experimentieren lohnt sich, denn es werden sich ganz neue Geschmackserlebnisse auftun. Genieß sie!

Achtung: Für eine größere Ernährungsumstellung sollte man völlig gesund sein. Halte daher auf jeden Fall Rücksprache mit deinem Arzt, bevor du deine Ernährung veränderst, aber auch, bevor du dein Fitnessprogramm in Angriff nimmst.

Produkte aus der Lupine

Im Folgenden findest du einige Lupinen-Basisprodukte, die sich hervorragend zum Kochen, Backen und Genießen eignen. Im weiteren Verlauf sind dann einige wenige Fertigprodukte erwähnt.

Basisprodukte aus der Süßlupine

Süßlupinenmehl

Große Mengen der Süßlupinenernte werden zu Mehl verarbeitet. Das Süßlupinenmehl ist glutenfrei und kann für Brot und viele Backwaren verwendet werden. Es lassen sich dabei auch Eier einsparen, da die Süßlupine durch ihren Fettanteil das Wasser bindet. Süßlupinenmehl verbessert durch die enthaltenen Antioxidantien zudem die Haltbarkeit der Backwaren und gibt den Speisen einen leicht nussigen Geschmack. Aus Süßlupinenmehl und anderen Zutaten (zum Beispiel Wasser und Bananen oder einer pflanzlichen Milch) kann auch ein Eiweißshake gemixt werden.

Süßlupinenprotein

Einige Anbieter vertreiben Süßlupinenmehl unter dem Namen Süßlupinenprotein (oder Lupinenprotein). Oft besteht dieses »Protein« dann aus der Weißen Süßlupine, welche einen höheren Eiweißanteil von 36 bis 40 Prozent aufweist. Süßlupinenmehl kann aus der Blauen oder der Weißen Süßlupine bestehen. Die blaue Süßlupine hat einen etwas geringeren Eiweißanteil und somit schwankt auch der Eiweißanteil des Mehls. Um ein Proteinpulver, wie es viele aus dem Fitnessbereich kennen, handelt es sich hierbei nicht. Es gibt zwar ein Lupinenprotein-Isolat, welches aus ca. 90 Prozent Proteinanteil in der Trockensubstanz besteht, dieses wird derzeit jedoch hauptsächlich als Beigemisch bei anderen Produkten eingesetzt.

Das Isolat enthält das Süßlupineneiweiß in konzentrierter Form. Es ist also ein Zusatzprodukt.

Einige Anbieter bieten das genannte Süßlupinenprotein auch in verschiedenen Geschmacksrichtungen an. Ebenso existiert es von unterschiedlichen Herstellern auch als Proteinmischung mit anderen Proteinsorten oder als gekeimte Variante. Selbstverständlich enthält auch das Süßlupinenprotein alle essenziellen Aminosäuren und trägt somit zu deinem Muskelaufbau bei.

Süßlupinenflocken

Flocken sind eine hervorragende Ergänzung für das tägliche Müsli. Mit ca. 35 bis 41 Prozent Proteingehalt (abweichend je nach Hersteller) bilden sie einen Proteinboost für deinen Ernährungsplan. Selbstverständlich können sie auch fürs Backen und Kochen verwendet werden. Süßlupinenflocken sehen ähnlich wie Haferflocken aus. Einige

Anbieter behandeln die Flocken in der Herstellung nicht mit Wärme, sodass diese sogar für Rohköstler geeignet sind. Besonders gut schmecken sie eingeweicht in Pflanzenmilch oder auch leicht angeröstet in einer beschichteten Pfanne, damit lässt sich auch der leicht bittere Nachgeschmack eindämmen. Die Flocken enthalten beträchtliche Mengen an Ballaststoffen, welche angenehm sättigen. Mit unter 10 Gramm Kohlenhydraten eignen sie sich hervorragend zur Bewahrung der schlanken Linie. Viele unserer Rezepte sind mit Flocken angereichert.

Süßlupinenschrot

Ähnlich wie die Flocken eignet sich der Schrot auch hervorragend für Müslis oder als Topping. Süßlupinenschrot wird auch oft als »Lupinen-Crunchy« oder »Lupinen-Grits« bezeichnet. Die Nährwerte und Anwendungsbereiche sind ähnlich wie bei den Flocken. Im Rezeptteil wird die Bezeichnung Süßlupinenschrot verwendet.

Süßlupinenkerne

Die Kerne sind die Samen der Süßlupine. Sie sind die Quelle, aus ihnen werden alle weiteren Lupinenprodukte gewonnen. Die Samen – auch Bohnen oder Kerne genannt – können geschält und fertig eingelegt gekauft werden oder in ihrer Rohform bezogen werden. Ein Glas eingelegter Lupinen-

kerne kostet zwischen 2,50 und 3,50 Euro. Das mag viel erscheinen, doch ein Glas reicht – je nach Dosierung – in der Regel für mehrere Gerichte aus.

Süßlupinentofu

Parallel zum Sojatofu gibt es auch einen Lupinentofu. Dieser wird Lopino genannt und ist in einigen ausgewählten Geschäften erhältlich. Seine Herstellung ist noch relativ kompliziert. Das Eiweiß muss vom Samenkorn extrahiert werden, um an das reine Eiweiß zu gelangen. Da die Kosten dafür sehr hoch sind, ist das Produkt bisher nicht marktreif. Durch die immer besser werdenden Verfahren wird sich hier jedoch sicher noch einiges ändern.

Süßlupinen-Tempeh

Einige Hersteller produzieren neben Tofu auch Lupinen-Tempeh. Dieser besteht aus 99 Prozent gekochten Süßlupinensamen und Apfelessig. Der fermentierte Tofu ist meist in Bioqualität erhältlich und ist mit über 16 Gramm Eiweiß und unter 5 Gramm Fett und Kohlenhydraten pro 100 Gramm Lebensmittel der perfekte Eiweißsnack.

Fertigprodukte aus der Süßlupine

Süßlupinenjoghurt

Seit Kurzem ist in vielen gut sortierten Supermärkten auch der Lupinenjoghurt in verschiedenen Geschmacksrichtungen erhältlich. Dieser mag zunächst gesund klingen, doch finde ich persönlich das Produkt nach genauerem Studieren der Zutatenliste nicht empfehlenswert. Die Hauptzutaten sind Wasser und Zucker, darunter auch Glucose-Fructose-Sirup. Dieser oft auch als Maissirup bezeichnete Stoff steht wie bereits erwähnt im Verdacht, Fettleibigkeit zu fördern, und wird heutzutage in vielen Lebensmitteln wie Brot, Limonaden und eben auch Joghurts als Süßungsmittel verwendet.

Süßlupine selbst ist in diesen Joghurts nur zu ca. zwei Prozent enthalten. (Das erinnert mich ein wenig an den Erdbeerjoghurt, der nie eine Erdbeere gesehen hat.) Natürlich bleibt es jedem selbst überlassen, sich hierzu seine eigene Meinung zu in bilden.

Süßlupinenmilch

Neben Eis, Desserts und Joghurts gibt es eine pflanzliche Milch aus Süßlupinen. Diese stellt eine schöne Abwechslung zu anderen Pflanzenmilchen dar und enthält neben Süßlupineneiweiß noch Wasser, Kokosfett, Zucker, Emulgatoren und Säureregulatoren.

Loyu

Durch Fermentation und Zugabe von Salz kann aus den Samen der Süßlupinen auch eine Flüssigwürze namens Loyu hergestellt werden. Diese erinnert sehr an die bekannte Sojasauce. Loyu ist noch relativ schwierig zu beziehen, man erhält sie jedoch in einigen Reformhäusern.

Süßlupinenkaffee

Ein besonderer Genuss und eine hervorragende Alternative zu normalem Kaffee ist der koffeinfreie Lupinenkaffee. Erhältlich als gemahlenes Pulver, kann er sehr einfach und schnell zubereitet werden. Die Süßlupinensamen werden schonend bei ca. 160 Grad ungefähr 15 Minuten geröstet. Daraus entsteht ein Kaffee, der wenig Reiz- oder Gerbstoffe enthält, magenfreundlich ist und köstlich schmeckt. Zudem zaubert er einen wunderbaren Duft ins Haus.

Süßlupineneis

Bereits seit 2011 gibt es Lupineneis. Gerade in einigen süddeutschen Supermärkten kann man schon in den Genuss von Eis aus Süßlupinen kommen. Zur Auswahl stehen die Sorten Erdbeer, Schoko und Vanille.

Tipps für den Einkauf

Bevor es nun endlich losgeht mit den köstlichen Rezepten noch einige grundsätzliche Hinweise. Bei den Rezepten wird dir auffallen, dass wir oft ähnliche Produkte verwenden. Das liegt zum einen daran, dass die Auswahl an Lupinenprodukten noch begrenzt ist, und zum anderen daran, dass ich

Meine Empfehlung

Leg dir einen Grundvorrat der folgenden
Lupinenprodukte an und ergänze diese jeweils
mit den benötigten frischen Lebensmitteln.

- Lupinenmehl
- Lupinenflocken
- Lupinencrunchy (Grits)
- Lupinenkerne

es dir leicht machen möchte. Die Rezepte werden dadurch günstiger, einfacher und du hast mehr Zeit zu genießen. Du musst auch kein Geld für eine Zutat ausgeben, die du dann womöglich nur für ein einziges Rezept benötigst.

Wenn du alle Basiszutaten immer vorrätig hast, erhöht dies die Wahrscheinlichkeit, dass du die entsprechenden Rezepte auch wirklich zubereitest.

Es bleibt natürlich dir überlassen, wo du die Lebensmittel am liebsten einkaufst, in der Linkliste am Ende des Buches (siehe S. 152) nenne ich ich dir einige Anlaufstellen.

Es gibt bislang nicht viele Händler, die alle Lupinen-Basisprodukte anbieten. Daher müssen die Produkte oft bei zwei bis drei verschiedenen Händlern bestellt werden, was zusätzliche Zeit braucht und Kosten verursacht.

Daher haben wir dir ein Lupinenpaket zusammengestellt, das alle vier Basis-produkte für die Rezepte beinhaltet. Des Weiteren gibt es eine Fitness-Edition dieses Paketes. Du bekommst beide Pakete unter:
www.lupinen-rezepte.de

Bei den folgenden Rezepten haben der Starkoch Jan Wischnewski und ich besonderen Wert darauf gelegt, dass sie lecker, leicht, gesund, abwechslungsreich, sättigend und für die tägliche Küche geeignet sind.

Es war uns wichtig, dass sie leicht verständlich und schnell zuzubereiten sind (von einigen wenigen Ausnahmen für besondere Anlässe abgesehen). Die Zubereitungszeiten sowie die einfache Machbarkeit sind uns von Testpersonen bestätigt worden und treffen

Rezepte

natürlich nicht nur auf Profiköche zu.
Die Gerichte lassen sich in vielen verschiedenen Varianten erstellen und bieten somit einen hohen Grad an Abwechslung. Alle Rezepte wurden von Jan Wischnewski und mir neu kreiert. Du kannst sie genau so zubereiten, wie sie sind, oder als Inspiration verwenden und täglich neue Varianten zaubern.
Bei jedem Rezept findest du genaue Nährwertangaben.
Der Proteingehalt steht immer an prominenter Stelle.

Und jetzt geht's schon los, guten Appetit!

Frühstück

Lupinen-Pancake mit Blaubeeren

Proteine 22,7 g pro Portion

Pro Portion: 690 kcal;
132 g Kohlenhydrate;
6 g Fett

Vorbereitungszeit: 20 Minuten
Garzeit: 20 Minuten
Wartezeit: 30 Minuten
Personen: 2

150 g Reismehl
60 g Buchweizenmehl
60 g Lupinenmehl
2 TL Backpulver
Salz
1/2 TL Zimtpulver
300 ml Hafermilch
2 EL Agavendicksaft
vegane Butter zum Braten
300 g Blaubeeren
3–4 EL Ahornsirup

1 Die Mehlsorten in einer Schüssel mit dem Backpulver, 1 Prise Salz und dem Zimtpulver vermischen. Mit der Hafermilch und dem Agavendicksaft verrühren und ca. 30 Minuten quellen lassen.

2 Butterflöckchen in einer beschichteten Pfanne erhitzen und darin aus dem Teig nacheinander kleine Pancakes backen. Die Blaubeeren in einem Sieb abbrausen und auf Küchenpapier trocken tupfen. Die Pancakes auf Tellern anrichten und die Blaubeeren über den Pancakes verteilen. Mit dem Ahornsirup übergießen.

TIPP Statt veganer Butter kann auch Pflanzenmargarine verwendet werden.

Lupinen-Chia-Quark

Pro Portion: 200 kcal;
33 g Kohlenhydrate;
3,5 g Fett

Vorbereitungszeit: 5 Minuten
Wartezeit: 1 Stunde
Personen: 2

250 ml Hafermilch
30 g Lupinenflocken
4 EL Chiasamen
2 EL Rohrohrzucker
Mark von 1 Vanilleschote

1 Die Hafermilch in einer Schüssel mit den Lupinenflocken verrühren und ca. 10 Minuten quellen lassen. Mit einem Stabmixer pürieren, Chiasamen, Zucker und Vanillemark einrühren. Alles noch etwa 1 Stunde quellen lassen und dabei ab und zu umrühren.

2 Pur genießen oder nach Belieben frischen Obstsalat daraufgeben.

 Wer es nicht so süß mag, lässt den Rohrohrzucker weg und genießt die leichte natürliche Süße der Hafermilch und spart damit Kalorien.

Overnight-Lupinis

Pro Portion: 410 kcal;
34,8 g Kohlenhydrate;
19,2 g Fett

Vorbereitungszeit: 15 Minuten
Wartezeit: 8 Stunden
Personen: 2

80 g Lupinenflocken
240 ml Mandelmilch
1 Apfel
1 TL Zitronensaft
40 g Walnusskerne
1 EL Ahornsirup
1 Msp. Zimtpulver

1 Die Lupinenflocken in einer Schüssel mit der Mandelmilch verrühren. Den Apfel waschen, halbieren, entkernen und würfeln. Mit dem Zitronensaft vermischen. Die Walnüsse grob hacken.

2 Die Lupinenmischung mit den anderen Zutaten vermengen, in Gläser füllen und zugedeckt über Nacht in den Kühlschrank stellen. Am nächsten Morgen als schnelles Frühstück genießen.

Low-Carb-Müsli

Proteine
33,8 g
pro
Portion

Pro Portion: 700 kcal;
38,7 g Kohlenhydrate;
34,9 g Fett

Vorbereitungszeit: 5 Minuten
Wartezeit: 15 Minuten
Personen: 2

75 g ganze Mandelkerne,
  ungeschält
40 g Walnusskerne
80 g Lupinenflocken
3 EL Leinsamenschrot
120 g Blaubeeren
300 ml Getreidemilch
2 TL Flohsamenschalen
2 EL Ahornsirup
2 EL Amaranth-Pops

1 Die Mandeln und die Walnüsse grob hacken und zusammen mit den Lupinenflocken in einer trockenen Pfanne rösten, bis sie zu duften beginnen. Mit dem Leinsamenschrot vermengen und abkühlen lassen.

2 Die Blaubeeren waschen und trocken tupfen. Die Getreidemilch mit den Flohsamenschalen verrühren und ca. 15 Minuten quellen lassen. Mit dem Ahornsirup süßen.

3 Die Mandelmischung in Schälchen verteilen und mit der Getreidemilch übergießen. Mit den Blaubeeren und den Amaranth-Pops bestreuen.

TIPP Für einen Energie-Boost noch jeweils 1 TL Guaranapulver darauf verteilen.

Lupinen-Granola

Pro Portion: 440 kcal;
40,2 g Kohlenhydrate;
23,5 g Fett

Vorbereitungszeit: 10 Minuten
Garzeit: 5 Minuten
Personen: 2

30 g ganze Mandelkerne,
   ungeschält
30 g Pekannusskerne
   (ersatzweise Walnusskerne)
30 g glutenfreie Haferflocken
30 g Lupinenflocken
3 EL Rohrohrzucker
150 g gemischte Beeren
   (z. B. Brombeeren, Himbeeren,
   Blaubeeren)
1 EL Gojibeeren,
   ungeschwefelt
1 EL Aroniabeeren,
   ungeschwefelt

1 Die Mandeln und die Pekannusskerne grob hacken. Mandeln, Nüsse, Haferflocken und Lupinenflocken in einer trockenen Pfanne rösten, bis sie zu duften beginnen. Den Zucker darüberstreuen und karamellisieren lassen. Den Pfanneninhalt auf einem Stück Backpapier abkühlen lassen.

2 In der Zwischenzeit die Beeren in einem Sieb kurz abbrausen und auf Küchenpapier trocken tupfen. Das abgekühlte Granola in Schälchen anrichten, die Gojibeeren und die Aroniabeeren darauf verteilen. Mit den gemischten Beeren toppen und nach Belieben eine Getreidemilch (z. B. Hafermilch) dazu reichen.

TIPP Am besten gleich eine größere Menge Granola zubereiten, nach dem Abkühlen mit den Trockenfrüchten vermischen und in einer verschlossenen Dose aufbewahren.

Erdmandel-Lupinen-Porridge

Pro Portion: 400 kcal;
56,4 g Kohlenhydrate;
11,4 g Fett

Vorbereitungszeit: 25 Minuten
Wartezeit: 5 Minuten
Personen: 2

Für die Porridge-Mischung
(500 g/12 Portionen):
8 getrocknete Feigen
10 getrocknete Aprikosen
4 EL Hanfsamen
4 EL Sonnenblumenkerne
120 g Erdmandelflocken,
*   glutenfrei*
40 g Quinoa-Kleie
40 g Buchweizenflocken
100 g Lupinenflocken
40 g Teff-Flocken

Außerdem:
200 ml Getreidemilch
1 EL Rohrohrzucker
2 Msp. Zimtpulver
Blaubeeren zum Garnieren
Lupinenflocken zum Bestreuen

1 Für die Porridge-Mischung die Trockenfrüchte klein schneiden. Die Hanfsamen und die Sonnenblumenkerne im Mörser zerstoßen. Alle Zutaten für die Porridge-Mischung in einer Schüssel vermengen.

2 Für 2 Portionen Porridge die Getreidemilch erhitzen. 6–8 EL der Porridge-Mischung auf 2 Schüsseln verteilen, mit der heißen Getreidemilch übergießen und ca. 5 Minuten quellen lassen. Mit dem Rohrohrzucker süßen und mit dem Zimt abschmecken. Mit Blaubeeren garnieren und mit Lupinenflocken bestreuen.

Lupinenbrot (glutenfrei)

Pro Scheibe: 190 kcal;
26 g Kohlenhydrate;
6 g Fett

Vorbereitungszeit: 10 Minuten
Garzeit: 60 Minuten
2 Brote

Pflanzenfett für die Formen
800 ml handwarme Hafermilch
1 Würfel Hefe (42 g)
1 gestrichener EL Salz
100 g Leinsamen
100 g Sesam
80 g Lupinenflocken
400 g glutenfreie Mehlmischung
200 g Buchweizenmehl
200 g Lupinenmehl

1 Den Backofen auf 180 °C Ober- und Unterhitze vorheizen. 2 Kastenformen à ca. 25 cm einfetten.

2 Die Milch in einer Schüssel mit der zerbröckelten Hefe verrühren. Alle weiteren Zutaten mit einem Handrührgerät gut untermischen. Teig nicht aufgehen lassen, sondern sofort in die Formen füllen. Im Ofen etwa 60 Minuten backen, dann Brote aus den Formen stürzen. Als Garprobe auf den Boden der Brote klopfen; es sollte sich hohl anhören. Ansonsten noch ein paar Minuten nachbacken.

3 Vor dem Anschneiden vollständig auskühlen lassen.

Lupinen-Müsli mit Tapiokaperlen

Pro Portion: 270 kcal;
41,9 g Kohlenhydrate;
7,3 g Fett

Vorbereitungszeit: 15 Minuten
Garzeit: 25 Minuten
Wartezeit: 1 Stunde
Kühlzeit: 1 Stunde
Personen: 2

15 g Tapiokaperlen
200 ml Mandelmilch
50 ml Kokosmilch
2 EL Rohrohrzucker
Mark von 1/2 Vanilleschote
150 g Erdbeeren
150 g Blaubeeren
2 EL Lupinenflocken
2 EL glutenfreie Haferflocken

1   Die Tapiokaperlen ca. 1 Stunde in einer Schüssel mit Wasser bedeckt einweichen lassen. Durch ein Sieb abgießen und zusammen mit der Mandelmilch, der Kokosmilch, dem Zucker und dem Vanillemark in einem kleinen Topf zum Kochen bringen. Zugedeckt bei niedriger Temperatur etwa 25 Minuten köcheln lassen. Sobald die Perlen durchsichtig sind, Mischung auf Zimmertemperatur zu einem Mandelmilchpudding abkühlen lassen. Im Kühlschrank ca. 1 Stunde kalt stellen.

2   Die Beeren waschen und putzen; 2 Erdbeeren und 6–8 Blaubeeren beiseitelegen. Den Rest pürieren. Die Flocken, den Pudding und das Beerenpüree abwechselnd in Gläser schichten und mit den übrigen Beeren garnieren.

TIPP Statt veganer Butter kann auch Pflanzenmargarine verwendet werden.

Lupinen-Omelett
mit Zucchini und Rosmarin

Pro Portion: 400 kcal;
37,8 g Kohlenhydrate;
17,9 g Fett

Vorbereitungszeit: 20 Minuten
Garzeit: 20 Minuten
Wartezeit: 15 Minuten
Personen: 2

300 ml Hafermilch
50 g Lupinenmehl
75 g Kichererbsenmehl
1 EL Reisstärke
1 TL Flohsamenschalenpulver
Salz
3 Stängel glatte Petersilie
2–3 Zweige Rosmarin
2 kleine Zucchini
vegane Butter zum Braten
3 EL Olivenöl
frisch gemahlener Pfeffer

1   Die Hafermilch mit dem Lupinenmehl, dem Kichererbsen-mehl, der Reisstärke und dem Flohsamenschalenpulver in einer Schüssel zu einem glatten Teig verrühren. Mit Salz würzen. Petersilie waschen, trocken schütteln und die Blätter hacken. 1 EL zum Teig hinzufügen und alles ca. 15 Minuten quellen lassen.

2   In der Zwischenzeit den Rosmarin waschen, trocken schütteln und die Nadeln von den Zweigen streifen. Die Zucchini waschen, putzen und würfeln. Jeweils ein Butter-flöckchen in einer beschichteten Pfanne erhitzen und darin nacheinander bei mittlerer Temperatur aus dem Teig Omeletts backen.

3   Das Olivenöl in einer zweiten Pfanne erhitzen und die Zucchini darin leicht braun braten. Den Rosmarin hinzufügen, mit Salz und Pfeffer würzen. Die Omeletts auf Tellern anrich-ten, die Zucchini darauf verteilen und mit der restlichen Petersilie bestreuen.

Lupinen-Quinoa-Muffins mit Rosinen und Äpfeln

Pro Stück: 170 kcal;
31 g Kohlenhydrate;
2,1 g Fett

Vorbereitungszeit: 15 Minuten
Garzeit: 25 Minuten
Stücke: 12

200 g glutenfreie Haferflocken
1 Apfel
170 g gekochte Quinoa
55 g Lupinenmehl
100 g Rohrohrzucker
2 TL Backpulver
1/2 TL Salz
75 g Rosinen
180 ml Kokosmilch
60 g Apfelmus
Mark von 1 Vanilleschote
1 Msp. Zimtpulver

1   Den Backofen auf 180 °C Umluft vorheizen.

2   Die Haferflocken im Blitzhacker oder in einer Getreidemühle fein mahlen. Den Apfel schälen, halbieren, entkernen und würfeln. Das Hafermehl und die Apfelwürfel mit allen anderen Zutaten nur kurz in einer Schüssel verrühren, bis die trockenen Zutaten feucht sind.

3   Die 12 Formen eines Muffinbleches mit Papierbackförmchen auslegen, mit Teig füllen und Muffins im Ofen 20–25 Minuten backen. Dann etwas abkühlen lassen, aus den Formen heben und auf einem Kuchengitter vollständig auskühlen lassen. Nach Belieben noch mit etwas Puderzucker bestäuben.

Mittag- und Abendessen

Lupinen-Bolognese mit Zucchininudeln

Proteine 17,2 g pro Portion

Pro Portion: 340 kcal;
15,2 g Kohlenhydrate;
17,9 g Fett

Vorbereitungszeit: 20 Minuten
Garzeit: 25 Minuten
Wartezeit: 1 Stunde
Personen: 2

50 g Lupinenschrot
1 Möhre
100 g Sellerieknolle
1 rote Zwiebel
2 Knoblauchzehen
2 Zweige frischer Rosmarin
2–3 Zucchini
4 EL Olivenöl
Salz
frisch gemahlener Pfeffer
2 EL Tomatenmark
150 ml trockener Weißwein
1 Dose gehackte Tomaten
*   (400 ml)*
2 Lorbeerblätter
frischer Thymian und glatte
*   Petersilie zum Garnieren*

1 Den Lupinenschrot in einer Schüssel mit lauwarmem Wasser etwa 1 Stunde quellen lassen. Die Möhre und den Sellerie schälen und auf einer Küchenreibe grob raspeln. Die Zwiebel schälen und in Streifen schneiden, den Knoblauch schälen und hacken. Den Rosmarin waschen, trocken schütteln und die Nadeln hacken. Die Zucchini waschen, putzen und (am besten auf einem Gemüsehobel oder auf einer Mandoline) längs in dünne Streifen ziehen und beiseitestellen.

2 Die Hälfte des Olivenöls in einem Topf erhitzen. Das Lupinenschrot in einem Sieb gut abtropfen lassen und zusammen mit der Zwiebel, dem Knoblauch und dem geraspelten Gemüse darin unter Rühren anbraten. Mit Salz und Pfeffer würzen. Das Tomatenmark einrühren und anrösten. Mit dem Weißwein ablöschen und die Dosentomaten angießen. Den Rosmarin und den Lorbeer dazugeben. Bei niedriger Temperatur ca. 20 Minuten sämig einköcheln lassen und dabei öfter umrühren.

3 Das restliche Olivenöl in einer beschichteten Pfanne erhitzen und die Zucchinistreifen darin anschwitzen. Mit Salz und Pfeffer würzen. Die Lupinen-Bolognese abschmecken, die Lorbeerblätter herausnehmen. Die Zucchini auf Tellern anrichten und die Bolognese darüber verteilen. Mit frischem Thymian und mit Petersilie garnieren.

Lupinen-Linsen-Chili

Pro Portion: 460 kcal;
47,5 g Kohlenhydrate;
13,5 g Fett

Vorbereitungszeit: 15 Minuten
Garzeit: 45 Minuten
Wartezeit: 20 Minuten
Personen: 2

100 g rote Linsen
Salz
50 g Lupinenschrot
1 Zwiebel
2 Knoblauchzehen
2 gelbe Paprikaschoten
1 kleine rote Chilischote
2 EL Rapsöl
1 Dose geschälte Tomaten
 (400 ml)
frisch gemahlener Pfeffer
1 TL Kreuzkümmelpulver
1 TL Paprikapulver
1/2 TL Kakaopulver
1 Handvoll Koriandergrün

1 Die Linsen in einem Topf mit kochendem Salzwasser 15–20 Minuten bissfest garen. Durch ein Sieb abgießen und abtropfen lassen. Zwischenzeitlich das Lupinenschrot für 20 Minuten in einer Schüssel in Wasser einweichen. Die Zwiebel und den Knoblauch schälen und fein würfeln. Die Paprikaschoten waschen, halbieren, putzen und in kleine Würfel schneiden. Die Chilischote waschen, putzen und hacken. Wer es weniger scharf mag, entfernt vor dem Hacken die Kerne und Kernstände.

2 Das Lupinenschrot in einem Sieb gut abtropfen lassen. Das Rapsöl in einem Topf erhitzen, die Zwiebel, den Knoblauch, die Paprika und die Chili darin anschwitzen. Das Lupinenschrot hinzufügen und anbraten. Die Tomaten dazugeben, mit Salz, Pfeffer, dem Kreuzkümmel, dem Paprikapulver und dem Kakaopulver würzen. Bei niedriger Temperatur etwa 10 Minuten köcheln lassen, dann die Linsen hinzufügen und weitere 5 Minuten kochen lassen.

3 Das Koriandergrün waschen, trocken schütteln und klein schneiden. Mit dem Linsen-Chili vermischen und das Chili in Schälchen anrichten. Nach Belieben z. B. knusprige Gemüsechips dazu reichen.

Lupinen-Kartoffel-Nocken mit Salbeibutter und Rote-Bete-Apfel-Salat

Proteine
14,4 g
pro Portion

Pro Portion: 730 kcal;
60,7 g Kohlenhydrate;
26,4 g Fett

Vorbereitungszeit: 35 Minuten
Garzeit: 70 Minuten
Personen: 2

350 g Rote Bete
3 EL Olivenöl
Salz
frisch gemahlener Pfeffer
300 g mehligkochende
  Kartoffeln
150 g Blattspinat
ca. 25 g Kartoffelstärke
40 g Lupinenmehl
frisch geriebener Muskat
1 Handvoll Salbeiblätter
1 Apfel
1 EL Zitronensaft
30 g grob gehackte Walnuss-
  kerne
1 TL Rohrohrzucker
30 g vegane Butter

1 Die Roten Beten schälen und in kleine Würfel schneiden. Das Olivenöl in einer Pfanne erhitzen und die Roten Beten darin ca. 10 Minuten bei mittlerer Temperatur braten. Salzen, pfeffern und abkühlen lassen.

2 In der Zwischenzeit die Kartoffeln waschen und ohne zu schälen im Dämpfeinsatz eines Kochtopfes ca. 40 Minuten weich garen. Noch heiß pellen und zu feinem Püree verarbeiten.

3 Während die Kartoffeln dampfgaren, den Spinat putzen, waschen und tropfnass in einem Topf erhitzen und unter Rühren zusammenfallen lassen. Den Spinat in einem feinen Sieb gut ausdrücken und dann hacken.

4 Das handwarm abgekühlte Kartoffelpüree mit der Stärke, dem Spinat und dem Lupinenmehl verrühren. Mit Salz und Muskat würzen. Einen Topf mit Salzwasser zum Kochen bringen und zunächst als Garprobe mit einem Teelöffel eine Nocke aus der Kartoffelmasse ausstechen und im heißen Wasser gar ziehen lassen. Falls die Nocke nicht hält, noch etwas Stärke hinzufügen. Ansonsten die restliche Kartoffelmasse mit einem Esslöffel zu Nocken abstechen und 5–6 Minuten im knapp siedenden Wasser garen. Dann in kaltem Wasser abschrecken und nebeneinander auf Küchenpapier abtropfen lassen.

5 Den Salbei waschen, trocken tupfen und in Streifen schneiden. Den Apfel waschen, halbieren, entkernen und in ebenso große Würfel schneiden wie zuvor die Roten Beten. Apfel mit dem Zitronensaft, den Walnüssen und den Roten Beten vermengen, mit Salz, Pfeffer und Zucker abschmecken.

6 Butter in einer Pfanne erhitzen und den Salbei hinzufügen. Die Nocken darin schwenken und kurz heiß werden lassen. Den Rote-Bete-Salat und die Nocken auf Tellern anrichten, die Nocken mit der Salbeibutter aus der Pfanne beträufeln.

Herzhafte Lupinen-Süßkartoffel-Cupcakes mit Roter Bete

Proteine 4,5 g pro Portion

Pro Cupcake: 120 kcal

12,7 g Kohlenhydrate

5,7 g Fett

Vorbereitungszeit: 25 Minuten

Garzeit : 40 Minuten

Stücke: 12

Für den Teig:

1 Süßkartoffel à 150 g

2 EL Mandelmus

100 g glutenfreie Mehlmischung
  für Kuchen

60 g Lupinenmehl

2 TL Backpulver

1 TL Natron

1 TL Salz

1/2 TL weißer gemahlener
  Pfeffer

150 ml Gemüsebrühe

50 ml Rapsöl

Für das Topping:

250 g gegarte Rote Bete
  (vakuumverpackt im
  Gemüseregal)

1 EL Zitronensaft

4 EL Lupinenflocken

1 Für den Teig die Süßkartoffel schälen, waschen und würfeln. Im Dämpfeinsatz eines Kochtopfes ca. 15 Minuten garen, bis sich die Würfel leicht einstechen lassen. Zu einem glatten Kartoffelpüree verarbeiten, mit dem Mandelmus verrühren und abkühlen lassen.

2 Den Backofen auf 180 °C Umluft vorheizen.

3 Die Mehlmischung mit 50 g Lupinenmehl, dem Backpulver, dem Natron, Salz und Pfeffer vermischen. Die Brühe mit dem Öl verrühren, mit dem Süßkartoffelpüree und der Mehl-mischung kurz vermengen, bis die trockenen Zutaten feucht sind. Die 12 Formen eines Muffinbleches mit Papierback-förmchen auslegen und den Teig einfüllen. Muffins im Ofen ca. 25 Minuten backen (Stäbchenprobe).

4 Für das Topping die Rote Bete klein würfeln und zusammen mit dem Zitronensaft fein pürieren. Das restliche Lupinen-mehl einrühren, mit Salz und Pfeffer abschmecken. Topping auf die erkalteten Muffins geben, mit den Lupinenflocken bestreuen und Muffins sofort servieren.

TIPP Solltest du kein Mandelmus zu Hause haben,
kannst du beispielsweise
auch Erdnussmus
verwenden.

Quinoa-Lupinen-Salat mit frischer Minze

Proteine 17,2 g pro Portion

Pro Portion: 600 kcal;
43,7 g Kohlenhydrate;
36,8 g Fett

Vorbereitungszeit: 25 Minuten
Garzeit: 25 Minuten
Personen: 2

80 g Quinoa
Salz
80 g Lupinenschrot
1 rote Zwiebel
200 g Kirschtomaten
  (rot und gelb)
1/2 Fenchelknolle
3 Zweige frische Minze
3–4 EL weißer Balsamicoessig
6 EL Olivenöl
frisch gemahlener Pfeffer
1 TL schwarzer Sesam
Minzeblätter zum Garnieren

1 Die Quinoa in einem Sieb abspülen und in einem Topf mit kochendem Salzwasser 12–15 Minuten bissfest garen. Den Lupinenschrot hinzufügen und 2–3 Minuten weiter garen. Mischung in ein Sieb abgießen, kalt abspülen und gut abtropfen lassen.

2 Die Zwiebel schälen und fein würfeln. Die Kirschtomaten waschen und, je nach Größe, halbieren oder vierteln. Den Fenchel putzen, waschen und in sehr dünne Streifen schneiden. Die Minze waschen, trocken schütteln und die Blätter klein schneiden.

3 Alle vorbereiteten Zutaten in einer Schüssel mit dem Essig und dem Olivenöl vermengen und mit Salz und Pfeffer abschmecken. Salat in Schälchen anrichten, mit dem Sesam bestreuen und mit Minzeblättern garnieren.

Shepherd's Pie mit marokkanischen Gewürzen und Süßkartoffeln

Proteine 33,3 g pro Portion

Pro Portion: 800 kcal;
92,3 g Kohlenhydrate;
27,9 g Fett

Vorbereitungszeit: 25 Minuten
Garzeit: 55 Minuten
Wartezeit: 20 Minuten
Personen: 2

150 g Lupinenschrot
2 Süßkartoffeln à ca. 200 g
2 rote Zwiebeln
2 Knoblauchzehen
1/2 Stange Lauch
4 Tomaten
3–4 Softpflaumen
40 ml Olivenöl
100 ml trockener Weißwein
Salz
frisch gemahlener Pfeffer
1 Msp. Chiliflocken
1/2 TL Ras el-Hanout (marok-
*   kanische Gewürzmischung)*
1 Handvoll Koriandergrün

1 Den Lupinenschrot ca. 20 Minuten in einer Schüssel mit lauwarmem Wasser einweichen. Die Süßkartoffeln schälen, waschen, grob würfeln und im Dämpfeinsatz eines Kochtopfes etwa 15 Minuten weich garen.

2 In der Zwischenzeit die Zwiebeln und den Knoblauch schälen; die Zwiebeln in dünne Ringe schneiden und den Knoblauch hacken. Den Lauch putzen, waschen und in Ringe schneiden. Die Tomaten waschen und in mundgerechte Stücke schneiden. Die Softpflaumen klein schneiden.

3 Den Backofen auf 180 °C Umluft vorheizen.

4 3 EL Olivenöl in einem Topf erhitzen. Den in einem Sieb abgetropften Lupinenschrot darin anschwitzen; die Zwiebeln und den Knoblauch dazugeben und glasig braten. Den Lauch hinzufügen und anbraten. Die Tomaten dazugeben und bei mittlerer Temperatur unter gelegentlichem Rühren schmel- zen lassen. Den Weißwein und die Pflaumen in den Topf geben und alles bei niedriger Temperatur ca. 10 Minuten schmoren lassen. Mit Salz, Pfeffer, den Chiliflocken und dem Ras el- Hanout würzen. Den Koriander waschen, trocken schütteln und die Blätter in den Topf zupfen.

5 Die Süßkartoffeln zu Püree verarbeiten und mit dem rest- lichen Olivenöl vermengen. Mit Salz und Pfeffer abschmecken. Die Gemüsemischung in 2 kleine Auflaufformen verteilen und das Süßkartoffelpüree darauf verstreichen. Im Ofen ca. 20 Minuten überbacken, bis die Oberfläche leicht anbräunt.

Afrikanische Kokossuppe

Proteine
28,3 g
pro
Portion

Pro Portion: 610 kcal;
38,5 g Kohlenhydrate;
38,2 g Fett

Vorbereitungszeit: 15 Minuten
Garzeit: 15 Minuten
Personen: 2

3 Knoblauchzehen
1 Zwiebel
1 EL Olivenöl
200 g gegarte Lupinenkerne
  (in Salzlake)
200 g weiße Bohnen
  aus der Dose
400 ml Gemüsebrühe
1 Dose Kokosmilch (400 ml)
Salz
frisch gemahlener Pfeffer
1–2 EL Zitronensaft
4 TL Lupinenflocken
glatte Petersilie zum Garnieren

1 Den Knoblauch und die Zwiebel schälen und würfeln. Das Olivenöl in einem Topf erhitzen, den Knoblauch und die Zwiebel darin glasig anbraten. Die in einem Sieb abgetropften Lupinenkerne und die weißen Bohnen hinzufügen, mit der Brühe und der Kokosmilch ablöschen.

2 Suppe bei niedriger Temperatur ca. 10 Minuten köcheln lassen, dann im Mixer sämig pürieren. Mit Salz, Pfeffer und dem Zitronensaft abschmecken.

3 Die Suppe in Schälchen anrichten, mit den Lupinenflocken bestreuen und mit glatter Petersilie garnieren.

Lupinen-Carbonara
mit Buchweizennudeln

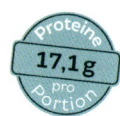

Pro Portion: 620 kcal;
61,4 g Kohlenhydrate;
24,7 g Fett

Vorbereitungszeit: 20 Minuten
Garzeit: 20 Minuten
Personen: 2

200 g Buchweizennudeln
Salz
1/2 kleine Aubergine
1 Knoblauchzehe
50 g gegarte Lupinenkerne
100 ml Hafermilch
frisch gemahlener Pfeffer
2 Msp. Hefeflocken
1 Zucchini
4 Stängel glatte Petersilie

1 Die Buchweizennudeln nach Packungsanleitung in kochendem Salzwasser bissfest garen. Durch ein Sieb abgießen und abtropfen lassen. Die Aubergine waschen, putzen und sehr fein würfeln. Den Knoblauch schälen. Die Lupinenkerne zusammen mit der Hafermilch und dem Knoblauch zu einer Sauce pürieren. Mit Salz, Pfeffer und Hefeflocken abschmecken.

2 Die Zucchini waschen, putzen und (z. B. auf einem Gemüsehobel) längs in feine Streifen ziehen. Die Petersilie waschen, trocken schütteln und die Blätter in Streifen schneiden. Die Hälfte des Olivenöls in einer beschichteten Pfanne erhitzen, die Auberginenwürfel darin gut anbraten.

3 Das restliche Öl in einer großen Pfanne erhitzen und die Zucchinistreifen darin unter Rühren braten, bis sie weich geworden sind. Die Buchweizennudeln zu den Zucchinistreifen geben, in der Pfanne schwenken und erhitzen. Die Lupinensauce hinzufügen, heiß werden lassen und den Pfanneninhalt auf Tellern anrichten. Mit den Auberginenwürfeln toppen und mit der Petersilie bestreuen.

Lupinenschnitzel

Pro Portion: 120 kcal;
19 g Kohlenhydrate;
1,6 g Fett

Vorbereitungszeit: 25 Minuten
Garzeit: 10 Minuten
Wartezeit: 12 Stunden
Stücke: 6

200 g getrocknete Kichererbsen
100 g getrocknete Lupinenkerne
2 Knoblauchzehen
3 Stängel glatte Petersilie
1/2 Zitrone
1/2 EL Reisstärke
1 EL Johannisbrotkernmehl
1 TL Backpulver
1 TL Kümmelsamen
1 TL gerebelter Majoran
2 Msp. Korianderpulver
2 Msp. Ingwerpulver
1 Msp. Muskatpulver
1 Msp. Hefeflocken
Salz
frisch gemahlener Pfeffer
Rapsöl zum Braten

1 Die Kichererbsen und die Lupinenkerne mindestens 12 Stunden in einer Schüssel mit Wasser einweichen.

2 Den Knoblauch schälen und hacken, die Petersilie waschen, trocken schütteln und die Blätter ebenfalls hacken. Die Zitrone auspressen.

3 Die Kichererbsen und die Bohnen in einem Sieb abspülen und abtropfen lassen. Zusammen mit dem Knoblauch und dem Zitronensaft im Mixer fein pürieren. Mit Reisstärke, dem Johannisbrotkernmehl, dem Backpulver, den Gewürzen, den Hefeflocken und der Petersilie gut verkneten. Mit Salz und Pfeffer kräftig abschmecken.

4 Aus der Masse Schnitzel formen, in einer beschichteten und geölten Pfanne flach drücken und von beiden Seiten gold-braun braten.

TIPP Auch mit orientalischer Geschmacksrichtung ausprobieren. Dazu die Gewürze z. B. durch Ras el-Hanout und Cayennepfeffer und die Petersilie durch Koriandergrün ersetzen.

Lupinen-Hanf-Frikadellen auf griechischem Salat

Proteine
52,3 g
pro Portion

Pro Portion: 910 kcal;
37,2 g Kohlenhydrate;
38,8 g Fett

Vorbereitungszeit: 25 Minuten
Garzeit: 25 Minuten
Personen: 2

Für die Frikadellen:

1 rote Zwiebel
200 g braune Champignons
2 EL Olivenöl
100 g geschälte Hanfsamen
250 ml Gemüsebrühe
80 g Lupinenmehl
Salz
frisch gemahlener Pfeffer
1/2 TL gerebelter Oregano
2 Msp. Kreuzkümmelpulver
1 TL Reisstärke
30 g Sesam
30 g schwarzer Sesam
Pflanzenöl zum Braten

Für den Salat:

1/2 Gurke
4 Tomaten
1 rote Zwiebel
50 g schwarze Oliven
100 g gegarte Lupinenkerne
  (in Salzlake)
Gartenkresse zum Garnieren
Rotweinessig und Olivenöl zum
  Servieren

1 Für die Frikadellen die Zwiebel schälen und fein würfeln. Die Pilze putzen und hacken. Das Olivenöl in einer Pfanne erhitzen und die Pilze darin leicht anbräunen. Die Zwiebel hinzufügen und glasig werden lassen. Die Hanfsamen dazugeben und unter Rühren ca. 5 Minuten mitbraten. Mit der Brühe ablöschen, alles 5 Minuten köcheln lassen, dann die Pfanne vom Herd ziehen.

2 Das Lupinenmehl in die Pilzmischung einrühren, mit Salz, Pfeffer, Oregano und Kreuzkümmel würzen und die Masse abkühlen lassen. Die Reisstärke untermengen und aus der Masse flache Frikadellen formen. Den Sesam vermischen und die Frikadellen darin wenden.

3 Für den Salat die Gurke waschen und grob würfeln. Die Tomaten waschen und ebenfalls würfeln. Die rote Zwiebel schälen, halbieren und in schmale Streifen schneiden. Die Gurke in einer Schüssel mit den Tomaten, den Zwiebelstreifen, den Oliven und den in einem Sieb abgetropften Lupinenkernen vermischen. Salat in tiefen Tellern anrichten.

4 Pflanzenöl in einer beschichteten Pfanne erhitzen und die Frikadellen darin bei niedriger Temperatur von beiden Seiten jeweils etwa 5 Minuten braten. Auf die Salate setzen und mit Gartenkresse garnieren. Rotweinessig und Olivenöl dazu reichen.

Lupinen-Ratatouille mit Blumenkohlreis

Pro Portion: 250 kcal;
12,9 g Kohlenhydrate;
17,9 g Fett

Vorbereitungszeit: 20 Minuten
Garzeit: 20 Minuten
Personen: 2

400 g Blumenkohl
2 EL Zitronensaft
100 g gegarte Lupinenkerne
  (in Salzlake)
1/2 kleine Aubergine
1–2 Zucchini
1 rote Zwiebel
2 Knoblauchzehen
1 Handvoll frischer Thymian
1 rote Paprikaschote
4–5 kleine Strauchtomaten
3 EL Olivenöl
Salz
frisch gemahlener Pfeffer
1 EL Pflanzenmargarine

1 Den Blumenkohl waschen, putzen und auf einer Küchenreibe fein raspeln. Die Raspel mit dem Zitronensaft vermischen. Die Lupinenkerne in einem Sieb abtropfen lassen. Die Aubergine und die Zucchini waschen, putzen und würfeln. Die rote Zwiebel schälen und würfeln, den Knoblauch schälen und hacken.

2 Den Thymian waschen, trocken schütteln und die Blättchen von den Zweigen streifen. Die Paprika waschen, halbieren, putzen und würfeln. Die Tomaten waschen und in Spalten schneiden.

3 Das Olivenöl in einer großen Pfanne erhitzen, die Aubergine, die Zwiebel, die Zucchini und die Paprika darin anbraten. Den Knoblauch hinzufügen, kurz anschwitzen und den Thymian dazugeben. Gemüse bei mittlerer Temperatur unter gelegentlichem Schwenken ca. 10 Minuten braten. Die Tomaten und die Lupinenkerne hinzufügen und heiß werden lassen; mit Salz und Pfeffer würzen.

4 Während das Gemüse brät, die Margarine in einer Pfanne erhitzen und die Blumenkohlraspel darin anbraten, ohne dass sie braun werden. Mit Salz und Pfeffer würzen. Das Gemüse auf Tellern anrichten und den Blumenkohl als Beilage dazu servieren.

Gebackener Kürbis mit Lupinengemüse

Pro Portion: 600 kcal;
42,8 g Kohlenhydrate;
34,3 g Fett

Vorbereitungszeit: 20 Minuten
Garzeit: 35 Minuten
Personen: 2

1 Butternut-Kürbis
6 EL Olivenöl
1 rote Paprikaschote
150 g gegarte Lupinenkerne
  (in Salzlake)
1 Dose Kidneybohnen
  (ca. 250 g Abtropfgewicht)
1 rote Zwiebel
Salz
frisch gemahlener Pfeffer
1/2 TL Kreuzkümmelpulver
2 Handvoll Wildkräutersalat
  (ersatzweise würziger
  Mixsalat)
4–5 Basilikumblätter
1 EL Lupinenflocken
essbare Blüten zum Garnieren

1 Den Backofen auf 180 °C Umluft vorheizen.

2 Den Kürbis waschen, längs halbieren und die Kerne heraus-
kratzen. Die Schnittflächen mit 2 EL Olivenöl bepinseln und
die Kürbishälften mit den Schnittflächen nach oben auf ein
Backblech setzen.

3 Die Paprika waschen, halbieren, putzen und in kleine Würfel
schneiden. Die Lupinenkerne und die Kidneybohnen in einem
Sieb abspülen und abtropfen lassen. Die Zwiebel schälen,
halbieren und in Streifen schneiden.

4 Die Kürbishälften im Ofen zunächst ca. 15 Minuten backen.
In der Zwischenzeit das restliche Olivenöl in einer Pfanne
erhitzen, die Zwiebel und die Paprikawürfel darin scharf anbraten. Die Lupinenkerne und die Kidneybohnen hinzufügen,
unter Schwenken erhitzen; mit Salz, Pfeffer und dem Kreuzkümmel würzen. Die Gemüsemischung auf den Kürbishälften
verteilen und diese im Ofen weiter garen, bis sich die Kürbisse
leicht einstechen lassen.

5 Während die Kürbisse garen, den Salat waschen, verlesen
und trocken schleudern. Das Basilikum waschen, mit Küchenpapier trocken tupfen und in dünne Streifen schneiden. Die
Kürbishälften und den Salat auf Tellern anrichten. Die Kürbis-
füllung mit den Basilikumstreifen und den Lupinenflocken
bestreuen, den Salat mit essbaren Blüten garnieren. Dazu
nach Belieben eine Vinaigrette oder ein Salatdressing reichen.

Burrito mit Paprika-Salsa, Avocado und Lupinenpüree

Proteine
20,6 g
pro
Portion

Pro Portion: 690 kcal;
111,1 g Kohlenhydrate;
18,1 g Fett

Vorbereitungszeit: 35 Minuten
Garzeit: 20 Minuten
Wartezeit: 15 Minuten
Personen: 2

Für die Tortillas

200 g vorgekochtes Maismehl
    (z. B. Masa Harina)
40 g Lupinenmehl
ca. 100 ml heißes Wasser
1 gestr. TL Salz

Für die Füllung

1 rote Paprikaschote
1 gelbe Paprikaschote
1 Tomate
1 kleine rote Chilischote
1 Zwiebel
1 Handvoll Koriandergrün
2 Knoblauchzehen
etwas Wasser
150 g gegarte Lupinenkerne
    (in Salzlake)
Salz
2 Msp. Kreuzkümmelpulver
1 Frühlingszwiebel
1/2 Avocado

1 Für die Tortillas beide Mehlsorten und das Salz in einer Schüssel nach und nach mit heißem Wasser verkneten, bis ein geschmeidiger Teig entstanden ist, der gerade noch nicht klebt. Zugedeckt ca. 15 Minuten ruhen lassen. Aus dem Teig 6 Kugeln formen und diese dann zwischen 2 Lagen stabiler Folie (z. B. aufgeschnittene Gefrierbeutel) zu runden Fladen mit ca. 1 mm Dicke ausrollen. In einer trockenen Pfanne nacheinander von beiden Seiten je 1–2 Minuten zu Tortillas garen und auf einen Teller stapeln. Dabei jede Tortilla mit Frischhaltefolie abdecken, damit sie flexibel bleiben.

2 Für die Füllung die Paprikaschoten waschen, halbieren, putzen und fein würfeln. Die Tomate waschen, entkernen und ebenfalls würfeln. Die Chilischote waschen, putzen und in feine Ringe schneiden; die Zwiebel schälen und würfeln. Den Koriander waschen, trocken schütteln und klein schneiden. Den Knoblauch schälen und zusammen mit den Lupinenkernen und 3–4 EL Wasser im Mixer cremig pürieren. Mit Salz und dem Kreuzkümmelpulver abschmecken.

3 Die Frühlingszwiebel waschen, putzen und in Röllchen schneiden. In einer Schüssel mit den Zwiebelwürfeln, der Paprika, der Tomate, der Chilischote und der Hälfte des Korianders vermischen; mit Salz würzen. Das Fruchtfleisch der Avocado aus der Schale heben und würfeln. Eine Hälfte jeder Tortilla mit dem Lupinenpüree bestreichen und die Gemüsemischung darauf verteilen. Mit den Avocadowürfeln belegen und mit dem restlichen Koriander bestreuen. Die freie Tortilla-Hälfte über die Füllung klappen und Burrito servieren.

Wassermelonensalat mit Spinat, Avocado und Lupinenkernen

Proteine **12,9 g** pro Portion

Pro Portion: 520 kcal;
31,6 g Kohlenhydrate;
38,2 g Fett

Vorbereitungszeit: 20 Minuten
Garzeit: 30 Minuten
Wartezeit: 8 Stunden oder keine
Personen: 2

80 g getrocknete Lupinenkerne
Salz
2 Handvoll Babyspinat
300 g Wassermelonen-
  fruchtfleisch
30 g Pinienkerne
1 Avocado
frisch gemahlener Pfeffer
Saft von 1/2 Zitrone
4 EL Olivenöl
2 EL Agavendicksaft oder
  Ahornsirup
2 Zweige frische Minze

1 Die Lupinenkerne über Nacht in einer Schüssel mit reich-lich Wasser einweichen. Am nächsten Tag in ein Sieb abgießen, abspülen und in einem Topf mit kochendem Salzwasser 25–30 Minuten bissfest garen. In ein Sieb abgießen und kalt abspülen.

2 Wenn du nicht so lange warten möchtest, kannst du alter-nativ auch eingelegte Lupinenkerne aus dem Glas verwenden. Diese allerdings in ein Sieb abgießen und kurz mit Wasser ab-spülen, da sie sonst zu salzig für den Salat sein könnten.

3 Den Spinat putzen, waschen und trocken schleudern. Die Wassermelone würfeln und dabei ggf. entkernen. Die Pinienkerne in einer trockenen Pfanne rösten, bis sie zu duften beginnen. Die Avocado halbieren, entkernen und das Fruchtfleisch mit einem Löffel aus den Schalen heben. Das Fruchtfleisch ebenfalls würfeln.

4 Die Lupinenkerne in einer Schüssel vorsichtig mit dem Spinat und der Wassermelone vermengen. Salat in Schälchen anrichten und die Avocado sowie die Pinienkerne darüber verteilen. Mit Pfeffer würzen, den Zitronensaft, das Olivenöl und den Agavendicksaft darüberträufeln. Die Minze waschen, trocken schütteln und die Blätter über die Salate zupfen.

Lupinen-Quinoa-Bällchen
mit Balsamicolinsen

Pro Portion: 830 kcal;
88,6 g Kohlenhydrate;
32,7 g Fett

Vorbereitungszeit: 15 Minuten
Garzeit: 40 Minuten
Wartezeit: 20 Minuten
Personen: 2

Für die Bällchen:
100 g Quinoa
4 EL Lupinenflocken
Salz
1 Möhre
1 EL Polenta
2 TL Maisstärke
1 EL Senf
Salz
frisch gemahlener Pfeffer
4 EL Olivenöl

Für die Linsen:
150 g Belugalinsen
Salz
1 rote Zwiebel
1 Frühlingszwiebel
200 g Kirschtomaten
4 Stängel glatte Petersilie
3 EL Rapsöl
50 ml trockener Weißwein
frisch gemahlener Pfeffer
2 EL Balsamicoessig
Chilifäden zum Garnieren

1 Die Quinoa zusammen mit den Lupinenflocken in einem Topf mit kochendem Salzwasser ca. 15 Minuten garen. Durch ein Sieb abgießen und abtropfen lassen. Die Möhre putzen, schälen und auf einer Küchenreibe fein raspeln. Die Quinoa-Lupinen-Mischung mit den Möhrenraspeln, der Polenta, der Maisstärke und dem Senf verkneten; mit Salz und Pfeffer würzen. Masse etwa 20 Minuten ausquellen lassen, dann mit angefeuchteten Händen kleine Bällchen formen.

2 Die Linsen in einem Topf mit kochendem Salzwasser ca. 25 Minuten noch bissfest garen, durch ein Sieb abgießen und abtropfen lassen. Die rote Zwiebel schälen und in dünne Ringe schneiden. Die Frühlingszwiebel waschen, putzen und in feine Röllchen schneiden. Die Tomaten waschen und halbieren. Petersilie waschen, trocken schütteln und die Blätter hacken.

3 Das Olivenöl in einer Pfanne erhitzen und die Bällchen darin goldgelb braten. Zwischenzeitlich das Rapsöl in einer Pfanne erhitzen und die rote Zwiebel darin anbraten. Die Tomaten hinzufügen und mit dem Weißwein ablöschen. Schmoren lassen, bis der Wein verkocht ist, dann die Linsen sowie die Petersilie hinzufügen. Unter Schwenken erhitzen, mit Salz und Pfeffer würzen. Pfanne vom Herd ziehen und den Balsamicoessig zu den Linsen geben.

4 Das Linsengemüse auf Tellern anrichten, mit den Früh-lingszwiebeln bestreuen und die Bällchen darauf verteilen. Mit Chilifäden garnieren und servieren.

Karibischer Lupinenburger mit Ananas

Proteine
38,5 g
pro Portion

Pro Portion: 710 kcal;
86,0 g Kohlenhydrate;
91,4 g Fett

Vorbereitungszeit: 40 Minuten
Garzeit: 40 Minuten
Wartezeit: 90 Minuten
Personen: 2

Für die Burgerbrötchen
   (ca. 12 Stück):
1 Würfel Hefe (42 g)
1 TL Zucker
530 ml Wasser
500 g glutenfreie Mehlmischung
   für Pizza
100 g Lupinenmehl
1 TL Salz
3 EL Sonnenblumenöl
glutenfreies Mehl zum Arbeiten

Für die Lupinen-Patties:
70 g Quinoa
Salz
etwas Wasser
1/2 rote Zwiebel
3–4 Zweige Koriandergrün
2 EL geschrotete Leinsamen
3 EL glutenfreie Haferflocken
3 EL Lupinenschrot
1/2 TL Reisstärke
Cayennepfeffer
Olivenöl zum Braten

1   Für die Burgerbrötchen die Hefe zerbröckeln, mit dem Zucker in eine Schüssel mit 100 ml lauwarmem Wasser geben und darin auflösen. Die Mehlmischung mit dem Lupinenmehl und dem Salz in einer Schüssel vermengen. Das Hefewasser, 430 ml lauwarmes Wasser sowie das Öl dazugeben und Teig ca. 5 Minuten mit einem Handmixer kneten. Auf einer mit glutenfreiem Mehl bestäubten Arbeitsfläche zu einer Kugel formen, in eine Schüssel setzen und im Backofen bei ca. 40 °C so lange gehen lassen, bis sich das Teigvolumen verdoppelt hat.

2   Den Teig nochmals kurz durcharbeiten und auf bemehlter Fläche ca. 3 cm dick ausrollen. Kreise mit ca. 12 cm Durchmesser ausstechen und die Teigkreise auf ein Backblech mit Backpapier legen. Mit einem feuchten Tuch abdecken und nochmals ca. 20 Minuten gehen lassen.

3   Den Backofen auf 200 °C Umluft vorheizen. Die Brötchen darin 15–20 Minuten backen und dann auf einem Kuchengitter abkühlen lassen.

4   Für die Lupinen-Patties die Quinoa in einem Topf mit Salzwasser knapp bedecken, aufkochen lassen und dann 15–17 Minuten zugedeckt bei niedrigster Temperatur garen. In der Zwischenzeit die Zwiebel schälen und sehr fein würfeln; das Koriandergrün waschen, trocken schütteln und die Blätter von den Zweigen zupfen.

5   Die Leinsamen, die Haferflocken und den Lupinenschrot in einer Schüssel mit 4 EL lauwarmem Wasser ca. 10 Minuten quellen lassen. Die Quinoa in ein Sieb abgießen und mit der Zwiebel, dem Koriander, der Reisstärke und der Leinsamenmischung zu einer klebrigen Masse vermengen. Ist die Masse zu trocken, noch etwas Wasser hinzufügen. Mit Salz und Cayennepfeffer pikant abschmecken. In einer Burgerpresse zu Patties verarbeiten oder mit angefeuchteten Händen flache Frikadellen formen. Bis zur Weiterverarbeitung kalt stellen.

Außerdem:

75 g Lupinenschrot

75 ml Kokosmilch

Saft von 1/2 Zitrone

1 TL Agavendicksaft

Salz

1 Handvoll Rucola

2 Scheiben Ananas

TIPP Übrige Burgerbrötchen können nach
dem Abkühlen gut
eingefroren werden.

6 Den Lupinenschrot in einer Schüssel mit lauwarmem
Wasser ca. 30 Minuten quellen lassen. Zusammen mit der
Kokosmilch und dem Zitronensaft im Mixer zu einer mayon-
naisenähnlichen Konsistenz pürieren. Bei Bedarf noch Wasser
hinzufügen. Mit Agavendicksaft und Salz abschmecken.

7 Den Rucola waschen und trocken schütteln. Die Ananas
schälen und in Scheiben schneiden. Scheiben in einer Grill-
pfanne von beiden Seiten braten. In der Zwischenzeit die
Patties in einer beschichteten Pfanne im heißen Olivenöl von
beiden Seiten knusprig braun braten.

8 2 Burgerbrötchen waagerecht halbieren und Schnittflächen mit Kokosmayonnaise bestreichen. Mit Rucola, Ananas
und gebratenen Patties zu Burgern zusammensetzen.

»Käsesauce« mit Lupinenflocken

Proteine
9,4 g
pro
Portion

Pro Portion: 330 kcal;

16,7 g Kohlenhydrate;

24,3 g Fett

Vorbereitungszeit: 15 Minuten

Garzeit: 25 Minuten

Personen: 2

175 g Kartoffeln

75 g Sellerieknolle

Salz

2 EL Lupinenflocken

etwas Wasser

60 ml mildes Olivenöl

1 TL Zitronensaft

15 g Hefeflocken

1 Msp. Knoblauchpulver

frisch gemahlener Pfeffer

1 Die Kartoffeln und den Sellerie schälen, waschen und grob
würfeln. In einen Topf geben, mit Salzwasser bedecken, zum
Kochen bringen und garen, bis sich die Kartoffeln leicht
einstechen lassen. Während das Gemüse gart, die Lupinenflocken in einer Schüssel mit 2–3 EL Wasser quellen lassen.
Das Gemüse in ein Sieb abgießen, dabei aber das Kochwasser
auffangen und 75 ml davon abmessen.

2 Die Kartoffeln, den Sellerie, die Lupinenflocken und das
abgemessene Kochwasser zusammen mit dem Olivenöl, dem
Zitronensaft, den Hefeflocken und dem Knoblauchpulver zu
einer sämigen Sauce pürieren. Ggf. noch etwas Wasser hinzufügen, falls die Sauce zu dick gerät. Mit Salz und Pfeffer
abschmecken. Die Lupinensauce ersetzt die Käsesauce in
Rezepten wie z. B. Carbonara oder bei Aufläufen.

Buchweizen-Lupinen-Nudeln

Pro Portion: 295 kcal;
53,9 g Kohlenhydrate;
3,1 g Fett

Vorbereitungszeit: 15 Minuten
Kühlzeit: 1 Stunde
Personen: 2

ca. 150 g Buchweizenmehl
25 g Lupinenmehl
1 TL Johannisbrotkernmehl
1 Msp. Kurkumapulver
Salz
Färbemittel (optional),
    z. B. Spinatpulver, Spirulina-
    pulver oder Rote-Bete-Pulver
ca. 75 ml Wasser
Buchweizenmehl zum Arbeiten

1 Die Mehlsorten, Kurkuma und 2–3 Prisen Salz in einer großen Schüssel vermischen. Nach Belieben Färbemittel hinzufügen und mit dem Wasser zu einem geschmeidigen, aber festen Teig verkneten. Dabei nach Bedarf noch etwas Buchweizenmehl oder Wasser hinzufügen.

2 Den Teig zu einer Kugel formen, mit Frischhaltefolie umwickeln und im Kühlschrank 1 Stunde ruhen lassen. Danach entweder auf bemehlter Fläche dünn ausrollen und in feine Streifen schneiden oder mit einer Nudelmaschine weiterverarbeiten. Die fertigen Nudeln in einem Topf mit kochendem Salzwasser 2–3 Minuten garen.

Buddha-Bowl

Pro Portion: 860 kcal;
119,5 g Kohlenhydrate;
24,3 g Fett

Vorbereitungszeit: 25 Minuten
Garzeit: 35 Minuten
Personen: 2

150 g rote Quinoa
Salz
350 g Süßkartoffeln
250 g Brokkoli
2 Knoblauchzehen
2 Handvoll Blattspinat
300 g gegarte Lupinenkerne
   (in Salzlake)
1–2 Zweige Minze
150 g Lupinenjoghurt
Pfeffer aus der Mühle
2 EL Olivenöl
1/2 TL Ras el-Hanout (marok-
   kanische Gewürzmischung)
Gartenkresse zum Garnieren

1 Die Quinoa in einem Topf mit kochendem Salzwasser 15–20 Minuten bissfest garen, in ein Sieb abgießen und abspülen. Die Süßkartoffeln schälen, waschen und würfeln. Den Brokkoli waschen, in kleine Röschen zerteilen und in einem Topf mit wenig kochendem Salzwasser zugedeckt ca. 3 Minuten blanchieren. Brokkoli mit einem Schaumlöffel herausheben, Kochwasser beiseitestellen. Brokkoli in Eiswasser abschrecken und in einem Sieb abtropfen lassen.

2 Den Knoblauch schälen und fein würfeln. Den Spinat waschen, putzen und in Streifen schneiden. Die Lupinenkerne in einem Sieb abtropfen lassen. Die Minze waschen, trocken schütteln und mit dem Lupinenjoghurt zu einer Minzsauce pürieren. Mit Salz und Pfeffer abschmecken.

3 Das Olivenöl in einer Pfanne erhitzen, die Süßkartoffeln und den Knoblauch darin anbraten. Mit etwa 50 ml des Brokkoli-Kochwassers ablöschen und schmoren lassen, bis das Wasser fast verkocht ist. Die Quinoa, den Brokkoli und die Lupinenkerne in die Pfanne geben, unter Schwenken erhitzen, dann mit Salz, Pfeffer und Ras el-Hanout würzen. Den Spinat unterheben und kurz heiß werden lassen.

4 Den Pfanneninhalt in Schalen anrichten, mit Gartenkresse garnieren und die Joghurtsauce dazu reichen.

Desserts

TIPP

Um die Temperatur der Schokoladenmasse zu kontrollieren, einfach etwas Schokolade an die Oberlippe tupfen; es sollte kein Temperatur-unterschied zu spüren sein.

Sündenfreie Schokoladenmousse

Pro Portion: 520 kcal;
11,6 g Kohlenhydrate;
37,8 g Fett

Vorbereitungszeit: 30 Minuten
Garzeit: 30 Minuten
Wartezeit: 8 Stunden
Kühlzeit: 4 Stunden
Personen: 2

60 g getrocknete Lupinenkerne
ca. 30 ml Hafermilch
150 g zuckerfreie, vegane
   Edelbitterschokolade
   (z. B. Xukkolade)
50 ml Aquafaba
   (z. B. Abtropfwasser einer
   Kichererbsendose)
1 Packung Sahnesteif

1 Die Lupinenkerne 8 Stunden oder über Nacht in einer Schüssel mit reichlich Wasser einweichen.

2 Am nächsten Tag die Kerne in ein Sieb abgießen und in einem Topf mit kochendem Wasser ca. 30 Minuten garen, sodass sie noch etwas Biss haben. In ein Sieb abgießen, kalt abspülen, die Außenhaut einritzen und die Kerne aus der harten Außenhaut herausdrücken. Mit der Hafermilch im Mixer sämig und fein pürieren.

3 Die Schokolade hacken und über einem heißen Wasserbad schmelzen. Mit dem Lupinenpüree glatt verrühren und auf ca. 35 °C abkühlen lassen. Das Aquafaba zu steifem Schnee aufschlagen und dabei gegen Ende den Sahnefestiger einrieseln lassen.

4 Den Kichererbsenschnee vorsichtig mit einem Backspachtel unter die Schokoladenmasse heben und die Mousse im Kühlschrank etwa 4 Stunden kalt stellen. In Schälchen anrichten und nach Belieben mit etwas grobem Meersalz bestreuen.

Lupinen-Auflauf mit Blaubeeren

proteine
5,2 g
pro
Portion

Pro Portion: 250 kcal;
46,8 g Kohlenhydrate;
4,5 g Fett

Vorbereitungszeit: 15 Minuten
Garzeit: 30 Minuten
Wartezeit: 30 Minuten
Personen: 4

Für 1 Auflaufform (20 × 30 cm)
2 TL Reisstärke
1 TL Backpulver
2 Msp. Xanthan Gum
100 ml Wasser
2 TL Pflanzenöl
75 g glutenfreie Universal-
  Mehlmischung
15 g Lupinenmehl
30 g Lupinenflocken
2 Msp. Salz
100 g Rohrohrzucker
90 ml Mandelsahne
90 ml Mandelmilch
Mark von 1/2 Vanilleschote
120 g Blaubeeren
Pflanzenmargarine für die Form
Puderzucker zum Bestäuben

1 Die Stärke mit dem Backpulver und dem Xanthan Gum in einer Schüssel vermischen. Wasser und Pflanzenöl damit zu einem Ei-Ersatz verrühren und Mischung ca. 30 Minuten quellen lassen.

2 Den Backofen auf 200 °C Ober- und Unterhitze vorheizen.

3 Den Ei-Ersatz nochmals durchrühren und mit der Mehlmischung, dem Lupinenmehl, den Lupinenflocken, Salz, Zucker, Mandelsahne, Mandelmilch und Vanillemark zu einem glatten, dicklich-flüssigen Teig verrühren. Nach Bedarf noch etwas glutenfreie Mehlmischung hinzufügen. Die Blaubeeren waschen und gut abtropfen lassen.

4 Die Form einfetten, den Teig einfüllen und die Blaubeeren darauf verteilen. Im Ofen 25–30 Minuten backen (Stäbchenprobe). Auflauf aus dem Ofen nehmen, mit Puderzucker bestäuben und servieren.

Glutenfreie Mohnschnecken mit Lupinenmehl

Proteine 6,6 g pro Portion

Pro Stück: 320 kcal;
28,8 g Kohlenhydrate;
18,6 g Fett

Vorbereitungszeit: 35 Minuten
Garzeit: 30 Minuten
Wartezeit: 80 Minuten
Stücke: 12

ca. 260 g Kichererbsenmehl
30 g Kokosmehl
30 g Lupinenmehl
40 g Tapiokamehl
100 g Reisstärke
ca. 100 ml lauwarme
  Kokosmilch
50 ml lauwarme Hafermilch
1 Würfel Hefe (42 g)
50 g Rohrohrzucker
1 Prise Salz
175 g vegane Butter
Mehl für die Arbeitsfläche
80 g Mohn-Back (vegan)

TIPP Als Variation statt Mohn-Back ca. 40 g Zimtzucker verwenden.

1 Die Mehlsorten und die Stärke in eine Schüssel sieben, mischen und in der Mitte eine Mulde formen. Die Milchsorten in einen Topf geben, nur lau erwärmen, da der Teig sonst zäh wird. Die Hefe in ca. 50 ml der Milchmischung auflösen und mit 1 TL Zucker in die Mehlmulde geben. Mit etwas Mehl verrühren und zugedeckt etwa 15 Minuten gehen lassen.

2 Dann den restlichen Zucker, das Salz und 100 g Butter dazugeben. Mit der restlichen Milch zu einem mittelfesten Hefeteig verkneten. Kräftig durchkneten, bis der Teig glatt und elastisch ist. Nach Bedarf noch etwas Kichererbsenmehl oder Kokosmilch ergänzen. Den Teig zugedeckt an einem warmen Ort ca. 45 Minuten gehen lassen, bis er sein Volumen verdoppelt hat.

3 Den Teig erneut durchkneten, dann zu einem Strang rollen und diesen auf einer bemehlten Arbeitsfläche 1–2 cm dick und 5–10 cm breit ausrollen. 50 g der übrigen Butter in einem kleinen Topf schmelzen und mit dem Mohn-Back vermischen. Den Teig damit bestreichen und von der breiten Seite her aufrollen.

4 Die Rolle mit einem Messer in ca. 2 cm breite Scheiben schneiden und diese nicht zu dicht nebeneinander auf ein mit Backpapier belegtes Backblech setzen. Mit einem feuchten Küchentuch abdecken und nochmals ca. 20 Minuten gehen lassen.

5 Den Backofen auf 180 °C Umluft vorheizen.

6 Die restliche Butter (25 g) in einem kleinen Topf schmelzen, die Mohnschnecken damit bestreichen und im Backofen etwa 30 Minuten goldbraun backen. Danach herausnehmen und etwas abkühlen lassen. Nach Belieben noch mit etwas Puderzucker bestäuben und z. B. eine Blaubeermarmelade dazu reichen.

Lupinen-Milchreis mit Kokos

Pro Portion: 500 kcal;
42,4 g Kohlenhydrate;
29,3 g Fett

Vorbereitungszeit: 5 Minuten
Garzeit: 25 Minuten
Personen: 2

300 ml Kokosmilch
150 ml Wasser
80 g Vollkornreis (Rundkorn)
20 g Lupinenschrot
2 EL Hanfsamen
30 g Lupinenflocken
1 Banane
Agavendicksaft nach Belieben
    (ersatzweise Ahornsirup)

1 Die Kokosmilch zusammen mit dem Wasser in einem Topf zum Kochen bringen. Den Reis, den Lupinenschrot und die Hanfsamen hinzufügen und bei niedriger Temperatur unter häufigem Rühren etwa 25 Minuten noch bissfest garen. Die Flüssigkeit sollte sämig eingekocht sein; ggf. gegen Ende der Garzeit noch ein wenig Wasser angießen.

2 In der Zwischenzeit die Lupinenflocken in einer trockenen Pfanne knusprig rösten. Die Banane schälen und in Scheiben schneiden. Den Milchreis nach Belieben mit Agavendicksaft süßen und in Schälchen verteilen. Die Bananenscheiben darauf anrichten und die gerösteten Lupinenflocken darüberstreuen.

Himbeersorbet mit Lupinencrunch

Proteine
10,7 g
pro
Portion

Pro Portion: 180 kcal;
21 g Kohlenhydrate;
2,9 g Fett

Vorbereitungszeit: 10 Minuten
Garzeit: 3 Minuten
Gefrierzeit: 3 Stunden
Personen: 2

350 g frische, süße Himbeeren
40 g Lupinenflocken
1 TL Limettensaft
1 EL Sirup (z. B. Ahorn– oder
Reissirup)

1   Die Himbeeren verlesen und ggf. waschen. Auf Küchenpapier abtropfen lassen, trocken tupfen und im Tiefkühler ca.
3 Stunden einfrieren.

2   Etwa die Hälfte der Lupinenflocken in einer trockenen
Pfanne rösten, bis sie zu duften beginnen, und danach abkühlen lassen. Die restlichen Lupinenflocken zusammen mit
den gefrorenen Himbeeren, dem Limettensaft und dem Sirup
mit einem Stabmixer zu einem cremigen Sorbet pürieren. Die
gerösteten Lupinenflocken darüberstreuen und sofort
genießen.

Kaiserschmarrn

Pro Portion: 655 kcal;
137,2 g Kohlenhydrate;
24,7 g Fett

Vorbereitungszeit: 10 Minuten
Garzeit: 20 Minuten
Wartezeit: 25 Minuten
Personen: 2

30 g Lupinenflocken
ca. 320 ml Kokosmilch
80 g Rohrohrzucker
ca. 120 g Buchweizenmehl
40 g Lupinenmehl
20 g Tapiokamehl
50 g Reisstärke
2 TL Backpulver
1 TL Kokosöl
20 g Rosinen
2 Bananen
Puderzucker und Kakaopulver
    zum Bestäuben

1 Die Lupinenflocken in einer Schüssel mit der Kokosmilch und 40 g Zucker vermischen und 10 Minuten quellen lassen. Das Buchweizenmehl, das Lupinenmehl, das Tapiokamehl, die Reisstärke und das Backpulver in die Kokosmilch einrühren und die Masse weitere 15 Minuten quellen lassen. Der Teig sollte dickflüssig sein, ggf. noch etwas Kokosmilch oder Buchweizenmehl hinzufügen.

2 Während der Teig quillt, den Backofen auf 160 °C Umluft vorheizen.

3 Das Kokosöl in einer großen ofenfesten Pfanne bei mittlerer Temperatur erhitzen, den Teig hineingießen und die Rosinen darauf verteilen. Pfanne in den Ofen geben und Kaiserschmarrn etwa 20 Minuten backen (Stäbchenprobe).

4 Die Pfanne aus dem Ofen nehmen und den Kaiserschmarrn mit 2 Gabeln zerzupfen. Den restlichen Zucker in einer zweiten Pfanne schmelzen und die Teigstücke darin schwenken. Den Kaiserschmarrn auf Tellern anrichten. Die Bananen schälen, in Scheiben schneiden und darauf verteilen. Mit Puderzucker und etwas Kakaopulver bestäuben.

Lupineneis mit Minze

Proteine
4,3 g
pro
Portion

Pro Portion: 210 kcal;

20,4 g Kohlenhydrate;

11,4 g Fett

Vorbereitungszeit: 15 Minuten

Wartezeit: 1 Stunde

Kühlzeit: 1 Stunde

Gefrierzeit: 35 Minuten, evtl.

noch 1 Stunde

Für ca. 500 ml:

40 g Zucker

20 g Traubenzucker

60 ml Wasser

40 g Lupinenschrot

300 ml Kokosmilch

50 ml Limettensaft

2 Zweige frische Minze

1 Den Zucker und den Traubenzucker in einem Topf mit dem Wasser aufkochen und danach wieder auf Zimmertemperatur abkühlen lassen. In der Zwischenzeit den Lupinenschrot ca. 1 Stunde in einer Schüssel mit lauwarmem Wasser einweichen. Danach in ein Sieb abgießen, abspülen und abtropfen lassen. Schrot im Mixer oder Smoothie-Blender zusammen mit der Kokosmilch und dem Limettensaft fein-cremig pürieren. Den abgekühlten Zuckersirup hinzufügen, alles gründlich verrühren und im Kühlschrank ca. 1 Stunde kalt stellen.

2 Die Minze waschen, trocken schütteln und die Blätter hacken. Zur Eismasse geben und diese in einer Eismaschine nach Herstellerangaben ca. 35 Minuten zu Softeis gefrieren lassen. Wer Eiskugeln ausstechen möchte, stellt das Eis noch ca. 1 Stunde in den Tiefkühler. Selbst gemachtes Eis am besten gleich verbrauchen, durch Lagerung im Tiefkühler wird es nach ein paar Stunden hart.

Sündenfreier Bratapfel
mit Lupinencreme gefüllt

Pro Portion: 200 kcal;
36,9 g Kohlenhydrate;
2,5 g Fett

Vorbereitungszeit: 25 Minuten
Wartezeit: 15 Minuten
Garzeit: 25 Minuten
Personen: 2

2 EL Lupinenflocken
3–4 EL Mandelmilch
1 Msp. Tapiokamehl
2 Msp. Reisstärke
1 TL Xylit-Zucker
1 Msp. Zimtpulver
Mark von 1/2 Vanilleschote
2 große Äpfel

1 Den Backofen auf 180 °C Umluft vorheizen.

2 Die Lupinenflocken in eine Schüssel geben, mit der Man-delmilch übergießen und ca. 15 Minuten quellen lassen. Dann im Mixer cremig pürieren. Das Tapiokamehl, die Reisstärke, den Zucker, den Zimt und das Vanillemark einrühren.

3 Die Äpfel waschen und die Kerngehäuse ausstechen. Die Äpfel aufrecht so mit Alufolie ummanteln, dass die Folie oben offen bleibt. Die Lupinencreme in die Löcher in der Apfelmitte füllen, die Äpfel in eine Auflaufform setzen und im Ofen 20–25 Minuten backen. Direkt mit der Folie servieren. Nach Belieben noch mit gehackten Nüssen bestreuen.

Lupinen-Polenta mit Himbeer-Chia-Püree

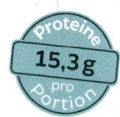

Pro Portion: 760 kcal;
91,9 g Kohlenhydrate;
36 g Fett

Vorbereitungszeit: 15 Minuten
Garzeit: 20 Minuten
Kühlzeit: 3 Stunden
Personen: 2

Für die Polenta:
200 ml Hafermilch
150 ml Kokosmilch
20 g vegane Butter
120 g Polenta
30 g Lupinenmehl
2 Prisen Salz
2 EL Kokosöl

Für das Himbeerpüree:
300 g Himbeeren, tiefgekühlt
3 EL Rohrohrzucker
1 TL Chiasamen

Außerdem:
weiße Schokoladenraspel
(vegan und zuckerfrei) zum
Bestreuen
frische Minze zum Garnieren

1 Für die Polenta die Hafermilch und die Kokosmilch zusammen mit der Butter in einem Topf zum Kochen bringen. Die Polenta und das Lupinenmehl einrühren; Salz dazugeben. Bei niedriger Temperatur 2–3 Minuten köcheln lassen. Soufflé-Förmchen (ca. 8 cm Durchmesser) mit Frischhaltefolie auslegen, die Polenta einfüllen und glatt streichen. Im Kühlschrank etwa 1 Stunde kalt stellen.

2 Die Himbeeren in einem Topf zusammen mit dem Zucker unter Rühren zum Kochen bringen. Etwa 5 Minuten köcheln lassen, dann durch ein feines Sieb (über einer Schüssel) streichen, bis im Sieb nur noch die Himbeerkerne übrig sind. Das Himbeerpüree unter dem Sieb abstreichen und mit den Chiasamen verrühren. Etwa 2 Stunden kalt stellen und quellen lassen.

3 Den Backofen auf Grillen vorheizen.

4 Die Polenta mithilfe der Folie aus den Förmchen stürzen, auf ein mit Backpapier belegtes Blech legen, mit dem Kokosöl bestreichen und im Ofen goldbraun überbacken. In tiefen Tellern anrichten, mit dem Himbeerpüree übergießen und mit weißen Schokoladenraspeln bestreuen. Mit frischer Minze garnieren.

 Statt veganer Butter kann auch Pflanzenmargarine verwendet werden.

Snacks

TIPP

Statt veganer Butter kann auch Pflanzenmargarine verwendet werden.

Müsliriegel mit Lupinenflocken

Pro Stück: 440 kcal;
26,6 g Kohlenhydrate;
32,5 g Fett

Vorbereitungszeit: 5 Minuten
Garzeit: 30 Minuten
Stücke: 10–12

150 g Walnusskerne
100 g gehobelte Mandelkerne
50 g Sesam
100 g Lupinenflocken
200 g glutenfreie Haferflocken
190 g vegane Butter
180 g brauner Zucker
1 EL Agavendicksaft
1 Prise Salz

1 Die Walnüsse grob hacken. Zusammen mit den Mandeln, dem Sesam, den Lupinenflocken und den Haferflocken in einer großen Pfanne ohne Fett rösten, bis alles zu duften beginnt.

2 Den Backofen auf 160 °C Umluft vorheizen.

3 Die Butter zusammen mit dem Zucker, dem Agavendicksaft und dem Salz in einem Topf aufkochen, bis sich der Zucker aufgelöst hat. Die Buttermasse mit der noch heißen Müslimischung gut vermengen und auf einem mit Backpapier ausgelegten Kuchenblech (ca. 20 × 20 cm) verteilen und glatt drücken. Im Ofen ca. 20 Minuten goldbraun backen und danach abkühlen lassen. In Riegel schneiden und vollständig auskühlen lassen.

Lupinen-Erdnuss-Powerbällchen

Pro Stück: 110 kcal;
4 g Kohlenhydrate;
7,1 g Fett

Vorbereitungszeit: 25 Minuten
Garzeit: 10 Minuten
Stücke: 12

80 g Lupinenflocken
150 g Erdnussbutter (vegan)
1 EL Lupinenmehl
Salz

1 Den Backofen auf 170 °C Umluft vorheizen.

2 Die Lupinenflocken mit der Erdnussbutter und dem Lupinenmehl verkneten und nach Belieben etwas salzen. Mit den Händen 12 Bällchen formen. Diese auf einem mit Backpapier belegten Backblech verteilen und im Ofen ca. 10 Minuten backen. Auskühlen lassen und als Snack genießen.

Lupinen-Hummus

Pro Stück: 310 kcal;
17,3 g Kohlenhydrate;
17,3 g Fett

Vorbereitungszeit: 10 Minuten
Personen: 2

2 Knoblauchzehen
300 g gegarte Lupinenkerne
  (in Salzlake)
3 EL Tahina (Sesampaste)
Saft von 1 Limette
2 Msp. Kreuzkümmelpulver
Salz
frisch gemahlener Pfeffer

1 Die Knoblauchzehen schälen und durch eine Presse in den Mixer drücken. Zusammen mit den in einem Sieb abgetropften Lupinenkernen, der Sesampaste und dem Limettensaft pürieren.

2 Creme mit Kreuzkümmelpulver, Salz und Pfeffer abschmecken und nach Belieben z. B. mit Fladenbrot oder frischem Baguette servieren.

Wirsing-Chips mit Lupinen-Parmesan

Pro Portion: 210 kcal;
6,7 g Kohlenhydrate;
16,7 g Fett

Vorbereitungszeit: 25 Minuten
Garzeit: 45 Minuten
Personen: 2

Für die Wirsingchips:
5–6 grüne Wirsingblätter
3 EL Olivenöl
Salz
frisch gemahlener Pfeffer
Chiliflocken zum Bestreuen

Für den Lupinen-Parmesan:
100 g gegarte Lupinenkerne
   (in Salzlake)
1–2 TL Hefeflocken

1   Den Backofen auf 110 °C Umluft vorheizen.

2   Für die Chips die Wirsingblätter waschen, trocken tupfen und ggf. dicke Blattadern entfernen. Den Wirsing in mund-gerechte Stücke schneiden und in einer Schüssel mit dem Olivenöl vermengen. Wirsingstücke nebeneinander auf einem mit Backpapier ausgelegten Backblech verteilen und im Ofen ca. 45 Minuten trocknen lassen.

3   Für den Lupinen-Parmesan die Lupinenkerne von der hellen Schale befreien. Dafür die Lupinenkerne einritzen und die Kerne zwischen Daumen und Zeigefinger aus den Schalen drücken. Die geschälten Lupinenkerne zusammen mit den Hefeflocken mit einigen kurzen Stößen im Blitzhacker zerkleinern.

4   Die Chips aus dem Ofen nehmen und abkühlen lassen. In eine Schale geben, salzen, pfeffern und mit dem Lupinen-Par-mesan und ein paar Chiliflocken bestreuen.

Avocado-Lupinen-Aufstrich

Proteine
6,3 g
pro
Portion

Pro Portion: 290 kcal;
4,2 g Kohlenhydrate;
27,3 g Fett

Vorbereitungszeit: 5 Minuten
Personen: 2

1 Knoblauchzehe
1–2 Avocados
50 g gegarte Lupinenkerne
   (in Salzlake)
Saft von 1 Limette
2–3 Spritzer Worchestersauce
1–2 Spritzer Tabasco
Salz

1 Den Knoblauch schälen und durch eine Knoblauchpresse in eine hohe Schüssel drücken. Die Avocados halbieren, entkernen, das Fruchtfleisch aus den Schalen heben und zum Knoblauch geben.

2 Knoblauch, Avocadofruchtfleisch, Lupinenkerne und Limettensaft mit einem Stabmixer pürieren. Mit Worchestersauce, Tabasco und etwas Salz abschmecken.

Lupinen-Mozzarella

Proteine
32,2 g
pro
Portion

Pro Portion: 430 kcal;
10,9 g Kohlenhydrate;
31,2 g Fett

Vorbereitungszeit: 15 Minuten
Wartezeit: 3 Stunden
Kühlzeit: ca. 10 Stunden
Personen: 2

60 g Macadamianusskerne
2 EL Flohsamenpulver
200 ml Mandel- oder Sojamilch
75 g gegarte Lupinenkerne
  (in Salzlake)
Salz
einige Tropfen Zitronensaft

1 Die Macadamianusskerne ca. 3 Stunden in einer Schüssel mit kaltem Wasser einweichen. Nach 2 Stunden das Flohsamenpulver in eine Schüssel geben, mit der Mandelmilch verrühren und ca. 1 Stunde quellen lassen.

2 Die Lupinenkerne in einem Sieb abtropfen lassen, die Bohnen seitlich einschneiden und durch Druck zwischen Zeigefinger und Daumen die Kerne aus der Schale pressen. Es sollten ca. 50 g geschälte Bohnen übrig bleiben.

3 Die Nüsse in ein Sieb abgießen, abspülen, abtropfen lassen und zusammen mit der Mandelmilch (sie hat nun die Konsistenz von Grießbrei) und den geschälten Lupinenkernen im Blitzhacker fein pürieren. Mit Salz und Zitronensaft abschmecken. Die entstandene relativ zähe Masse mit angefeuchteten Händen zu 2 Kugeln rollen, diese in Frischhaltefolie wickeln und im Kühlschrank, am besten über Nacht, schnittfest werden lassen.

Fladenbrote aus der Pfanne

Proteine
3,8 g
pro
Stück

Pro Stück: 163 kcal;
33,5 g Kohlenhydrate;
0,9 g Fett

Vorbereitungszeit: 10 Minuten
Garzeit: 20 Minuten
Wartezeit: 30 Minuten
Stücke: 10

ca. 400 g glutenfreie
  Universalmehlmischung
60 g Lupinenmehl
1 TL Salz
2 Msp. Korianderpulver
280 ml Wasser
glutenfreies Mehl zum Arbeiten

1 Die Mehlmischung mit dem Lupinenmehl in eine Schüssel geben, mit dem Salz und dem Koriander vermengen. Mit dem Wasser zu einem glatten, geschmeidigen Teig verkneten. Ggf. noch etwas Mehl oder Wasser hinzufügen.

2 Den Teig in Frischhaltefolie einschlagen und ca. 30 Minuten ruhen lassen. In 10 Portionen aufteilen und zu Kugeln rollen. Die Teigkugeln auf bemehlter Fläche zu dünnen Fladen ausrollen und in einer Pfanne ohne Fett von beiden Seiten backen, bis sie leicht gebräunt sind. Nach Belieben zu Aufstrichen, Suppen oder Dips servieren.

Powerriegel mit Schokolade

Pro Stück: 280 kcal;

18 g Kohlenhydrate;

20,3 g Fett

Vorbereitungszeit: 10 Minuten

Kühlzeit: 3 Stunden

Stücke: 8–10

50 g getrocknete Datteln ohne
Steine

50 g getrocknete Feigen

150 g vegane Zartbitter-
kuvertüre

50 g Lupinenflocken

200 g gemischte Nüsse und
Kerne (nach Belieben)

40 g Sesam

1 Die Datteln und die Feigen klein schneiden und in einem Blitzhacker fein pürieren. Die Kuvertüre hacken und über einem heißen Wasserbad schmelzen.

2 Das Trockenfrucht-Püree, die Kuvertüre, die Lupinen-flocken sowie die Nüsse und Kerne miteinander vermengen. Eine Kastenbackform oder eine Auflaufform mit Frischhalte-folie auslegen. Die Schokoladenmasse darin verteilen, mit Frischhaltefolie abdecken und flach drücken. Im Kühlschrank etwa 3 Stunden kalt stellen.

3 Danach Masse mithilfe der Folie aus der Form stürzen und in Riegel schneiden. Den Sesam in einer trockenen Pfanne rösten und lauwarm abkühlen lassen. Die Riegel auf 2 gegen-überliegenden Seiten in den Sesam drücken und ggf. noch-mals im Kühlschrank erkalten lassen.

Lupinen-Joghurt

Proteine
32 g
pro
Portion

Pro Portion: 200 kcal;
5,6 g Kohlenhydrate;
4,9 g Fett

Vorbereitungszeit: 15 Minuten
Wartezeit: 11 Stunden
Personen: 2

150 g Lupinenschrot
150 ml Brottrunk
ca. 70 ml Wasser
1 TL Agavendicksaft

1 Den Lupinenschrot etwa 3 Stunden in einer Schüssel mit Wasser einweichen. Danach in einem feinen Sieb oder in einem sauberen Küchentuch abtropfen lassen. Zusammen mit dem Brottrunk im Mixer pürieren, dabei nach und nach ca. 70 ml kaltes Wasser hinzufügen, bis eine sahneartige Konsistenz entstanden ist. Masse mit Agavendicksaft süßen.

2 Die Joghurtmasse in Gläser füllen, mit Frischhaltefolie abdecken und in die Folie ein paar kleine Löcher stechen. Etwa 8 Stunden bei Zimmertemperatur fermentieren lassen. Evtl. abgesetzte Molke kann nach Belieben abgegossen oder untergerührt werden.

TIPP Den Lupinen-Joghurt kannst du auch als Ersatz für saure Sahne oder Schmand in anderen Gerichten verwenden.

Lupinen–Frischkäse

Pro Stück: 520 kcal;
17,3 g Kohlenhydrate;
55,8 g Fett

Vorbereitungszeit: 15 Minuten
Wartezeit: 2,5 Tage
Kühlzeit: 8 Stunden
Personen: 2

300 g Macadamianusskerne
50 g Lupinenschrot
200 ml Sauerkrautsaft
2 EL Hefeflocken
getrocknete Blüten zum
    Garnieren

1 Die Macadamianusskerne und den Lupinenschrot in eine Schüssel geben, mit Wasser bedecken und über Nacht quellen lassen.

2 Am nächsten Tag Nussmischung in ein Sieb abgießen und mit dem Sauerkrautsaft im Mixer fein pürieren. Ein Sieb mit einem Küchentuch auslegen und die entstandene Masse einfüllen. Das Tuch über der Masse stramm zusammendrehen und z. B. mit einer Schüssel Wasser beschweren. Auf diese Weise etwa 2 Tage bei Zimmertemperatur pressen und Flüssigkeit abtropfen lassen.

3 Die im Tuch verbliebene Masse mit den Hefeflocken vermischen, in Dessert- oder Küchenringe pressen und im Kühlschrank 8 Stunden oder über Nacht kalt stellen. Zum Servieren vorsichtig aus den Ringen drücken und zum Garnieren in getrockneten Blüten wälzen.

Shakes

Proteinshake mit Lupine, Datteln und Apfelsaft

Pro Stück: 230 kcal;
37,5 g Kohlenhydrate;
3,3 g Fett

Vorbereitungszeit: 5 Minuten
Personen: 2

6–8 getrocknete Datteln ohne
*   Steine*
300 ml Getreidemilch
*   (Hafermilch)*
250 ml naturtrüber Apfelsaft
30 g Lupinenmehl

1   Die Datteln klein schneiden. Im Mixer zusammen mit der gut gekühlten Getreidemilch, dem kalten Apfelsaft und dem Lupinenmehl pürieren.

2   Sofort in Gläser füllen, servieren und genießen.

Espresso-Workout-Booster

Proteine
5,8 g
pro
Portion

Pro Portion: 260 kcal;
50 g Kohlenhydrate;
3,2 g Fett

Vorbereitungszeit: 10 Minuten
Personen: 2

3–4 Bananen
350 ml Hafermilch
2 EL Lupinenmehl
1 doppelter Espresso
   (abgekühlt)
1 TL Guaranapulver

1 Die Bananen schälen und in Stücke brechen. Zusammen mit der Hafermilch, dem Lupinenmehl und dem Espresso pürieren und in Gläser füllen.

2 Mit dem Guaranapulver bestreuen und genießen.

Banana-Booster

Proteine
7,8 g
pro
Portion

Pro Portion: 320 kcal;
55,6 g Kohlenhydrate;
7,1 g Fett

Vorbereitungszeit: 5 Minuten
Personen: 2

3 Bananen
400 ml Getreidemilch
2 EL Lupinenmehl
1 EL Amaranth-Pops
1 EL Mandelmus
1 TL Guaranapulver
   (nach Belieben)

1 Die Bananen schälen und in Stücke brechen. Zusammen mit der Getreidemilch, dem Lupinenmehl, dem Amaranth und dem Mandelmus im Mixer fein pürieren. Für einen Koffein-Schub noch das Guaranapulver einrühren.

2 In Gläser füllen und servieren.

Coconut-Cooler

Proteine 3,3 g pro Portion

Pro Portion: 120 kcal;
24,8 g Kohlenhydrate;
0,8 g Fett

Vorbereitungszeit: 10 Minuten
Gefrierzeit: 3 Stunden
Personen: 2

400 ml Kokoswasser
  (nicht Kokosmilch!)
200 g Ananasfruchtfleisch
1–2 Zweige frische Minze
2 EL Lupinenmehl
frische Minze zum Garnieren

1   Etwa 150 ml des Kokoswassers in Eiswürfelformen ca. 3 Stunden einfrieren. Das Ananasfruchtfleisch würfeln. Die Minze waschen, trocken schütteln und die Blätter von den Zweigen zupfen.

2   Das Kokoswasser, die Kokoseiswürfel, die Ananas, die Minze und das Lupinenmehl pürieren. In Gläser umfüllen, mit frischer Minze garnieren und sofort genießen.

High-Carb-Power-Shake

Proteine 10,5 g pro Portion

Pro Portion: 410 kcal;
78,7 g Kohlenhydrate;
5,2 g Fett

Vorbereitungszeit: 10 Minuten
Personen: 2

2 Bananen
6 getrocknete Datteln
  ohne Steine
4 getrocknete Feigen
400 ml Hafermilch
3 EL Lupinenflocken

1   Die Bananen schälen und in Stücke brechen. Die Datteln und die Feigen klein schneiden. Die Bananen, die Feigen und die Datteln zusammen mit der Hafermilch und den Lupinenflocken im Mixer pürieren.

2   In Gläser füllen und z. B. vor langen Trainingseinheiten genießen.

Geschichteter Blaubeer-Lupinen-Shake

Proteine 7,8 g pro Portion

Pro Portion: 250 kcal;
37,9 g Kohlenhydrate;
7,3 g Fett

Vorbereitungszeit: 5 Minuten
Wartezeit: 10 Minuten
Personen: 2

100 g Blaubeeren, tiefgekühlt
400 ml Mandelmilch
50 ml Kokosmilch
4 EL Agavendicksaft
4 EL Lupinenmehl
3–4 Datteln ohne Steine

1 Die Blaubeeren etwas antauen lassen. Die Mandelmilch mit der Kokosmilch verrühren und etwa die Hälfte davon zusammen mit den Blaubeeren und 2 EL Agavendicksaft pürieren. Den Mixer ausspülen.

2 Die übrige Milchmischung mit dem restlichen Agavendicksaft, dem Lupinenmehl und den Datteln pürieren. In Gläser füllen und den Blaubeershake vorsichtig so aufgießen, dass sich die beiden Shakes nicht vermischen.

Sweet Potatœ

Proteine 5,4 g pro Portion

Pro Portion: 190 kcal;
34,8 g Kohlenhydrate;
3,4 g Fett

Vorbereitungszeit: 10 Minuten
Garzeit: 5 Minuten
Personen: 2

200 g Süßkartoffel
400 ml Mandelmilch
1 Msp. Safranpulver
2 EL Lupinenmehl
Agavendicksaft nach Belieben

1 Die Süßkartoffeln schälen, waschen und, je nach Leistungsfähigkeit des Mixers, in Würfel schneiden oder auf einer Küchenreibe fein raspeln.

2 Die Mandelmilch mit dem Safran kurz in einem Topf erwärmen und verrühren, bis sich die Mandelmilch gelb verfärbt hat. Auf Zimmertemperatur abkühlen lassen. Die Süßkartoffeln zusammen mit der Safranmilch und dem Lupinenmehl im Mixer fein pürieren und nach Belieben mit Agavendicksaft süßen.

Grüne Liebe

Pro Portion: 260 kcal;
28,3 g Kohlenhydrate;
1,5 g Fett

Vorbereitungszeit: 10 Minuten
Personen: 2

Handvoll frischer Blattspinat
5 reife Kiwis
400 ml Kokoswasser
   (nicht Kokosmilch!)
2 EL Lupinenmehl
2 TL Weizengraspulver
1/2 TL Spirulinapulver
1–2 EL Agavendicksaft
1–2 TL Zitronensaft

1 Den Spinat putzen und waschen. Die Kiwis schälen und in Stücke schneiden. Den Spinat zusammen mit den Kiwis, dem Kokoswasser, dem Lupinenmehl, dem Weizengraspulver und dem Spirulinapulver im Mixer fein pürieren. Mit Agavendicksaft und Zitronensaft abschmecken.

2 Wer einen Entsafter besitzt, kann Bio-Weizen in einem Topf mit Pflanzenerde keimen lassen und die daraus wachsenden Weizengrashalme entsaften. Das im Rezept angegebene Weizengraspulver und 50 ml Kokoswasser dann durch 50 ml Weizengrassaft ersetzen.

Tipps

Mit der Süßlupine unterwegs

Wenn du auch unterwegs nicht auf den Genuss von Lupinenprodukten verzichten möchtest, sind die Tipps in diesem Kapitel sicher hilfreich. So bist du garantiert auch außerhalb der eigenen vier Wände gut versorgt und kannst darüber hinaus bei Freunden, Geschäftspartnern oder Gastgebern punkten.

Im Restaurant

Tolle vegane Restaurants bieten auch gelegentlich Süßlupine auf ihrer Speisekarte an. So konnte ich pünktlich zur Lupinen-Saison – von Mai bis August – in einem veganen Restaurant in München ein Lupinenfilet auf Gemüse mit schwarzem Wildreis genießen. Es war eine Gaumenfreude. Wenn du die Lupine also auch im Restaurant nicht missen möchtest, solltest du bevorzugt vegane Restaurants aufsuchen.

Grüne Lupinen-Smoothies

Wer viel unterwegs ist, weiß, wie schwierig es ist, dabei dennoch auf eine gesunde Ernährung und seine Fitness zu achten. Egal ob beim Geschäftsessen, in der Bahn, im Hotel oder bei Meetings, überall kreuzen meist süße und kalorienreiche Kohlenhydrat-Leckereien den Weg. Um hiervon unabhängig zu sein, habe ich meist meinen eigenen Vorrat dabei. So habe ich nicht nur ein gutes Gewissen, sondern heimse oft auch noch Bewunderung ein, weil viele Menschen von der Disziplin und den Leckereien, die ich dabei habe, angetan sind.

Speziell grüne Smoothies sind wahre Nährstoffbomben und die perfekte Ernährung für den gesundheitsbewussten Menschen. Jeder, der darauf Wert legt, sollte daher unbedingt grüne Smoothies probieren. Gerade sie sind für Menschen gut geeignet, die Probleme haben, ausreichend Gemüse und Obst zu sich zu nehmen. Und oft ist dies auf Reisen besonders schwierig. Mit nur einem Liter grünen Smoothie nimmst du in der

Regel schon zwei bis drei Portionen Obst und Gemüse zu dir und deckst damit einen großen Teil der empfohlenen vier bis fünf Portionen pro Tag.

Die Süßlupine kann durch ihren hohen Eiweißanteil den grünen Smoothie zu einem grünen Eiweißshake verwandeln. Darüber hinaus fügst du dem Ganzen eine leckere, leicht nussige Note hinzu.

Zu meinem Grundrepertoire gehört ein Green-Smoothie-Rezept, das ganz einfach zu machen und außerdem gut zu transportieren ist.

Lupinen-Smoothie-Rezept

Ein etwas abgewandeltes Rezept des Green-Lupine-Detox-Smoothie mache ich mir gern in der Früh frisch oder bereite ihn am Vortag vor und fülle ihn in einen Eiweiß-Shaker oder ein ähnliches Behältnis. Um eine möglichst hohe Nährwertdichte (viele Makronährstoffe und Mikronährstoffe im Vergleich zur aufgenommenen Menge) für eine gute Sättigung zu erreichen, verwende ich viel Spinat, hochwertiges Obst und füge dem Smoothie noch einige Superfoods bei. Du kannst auch heimische Superfoods wie Brennnesel oder Löwenzahn hinzufügen, um die Wirkung noch weiter zu verstärken. Aber Achtung, dadurch wird der Smoothie etwas bitterer.

Dieser Smoothie ist einer meiner Favoriten für unterwegs:

300 ml Kokosmilch

500 g Spinat, tiefgekühlt

2 reife Bananen

1 Birne

5 g Spirulina- oder Chlorella-Alge

5 g Weizengraspulver

2 EL Zitronensaft (30 ml)

30 g Lupinenprotein oder Lupinenmehl

15 g Chiasamen

Wasser je nach gewünschter Konsistenz

1 Alle Zutaten bis auf die Chiasamen kommen für ca. 45 Sekunden in den Mixer. Danach werden die Chiasamen hinzugefügt.

2 Die Chiasamen quellen in der Zeit, bis der Smoothie verzehrt wird, hervorragend auf und machen ihn so noch voluminöser. Dadurch entsteht schnell ein Sättigungsgefühl und die richtigen Fette sind auch noch dabei.

3 Dieser Smoothie ist eine komplette Mahlzeit und hat 630 Kalorien, 36 g Protein, 88,9 g Kohlenhydrate und 12,4 g Fett.

Wertvolle Leckereien »to go«

Das zweite Rezept, das ich dir gerne vorstellen möchte, wenn du etwas zum Mitnehmen suchst, ist der Lupinen-Fitness-Cake. Weil ich diese Powerbombe in einer Kuchenform backe, nenne ich sie »Cake«. Selbstverständlich kannst du zur einfacheren Portionierung auch Riegel oder Kekse machen. Das Rezept ist eine komplette Eigenkreation und eigentlich aus dem Zusammenmischen verschiedener Reste entstanden. Herausgekommen ist dabei eine sehr eiweißreiche Lupinen-Power-Knabberei, die hervorragend schmeckt, sich ein bis zwei Tage hält und super zu transportieren ist.

Das Grundrezept lautet wie folgt:

Lupinen-Fitness-Cake

135 g Lupinenmehl
30 g Buchweizenmehl
70 g Dinkelvollkornmehl
20 g Hanfmehl
10 g Chiasamen
30 g Sonnenblumenkerne
50 g Haferflocken
5 Messlöffel Proteinpulver
  (Geschmack nach Wunsch)
850 ml Wasser oder Mandelmilch

1 Alle Zutaten werden zu einem Teig zusammengemischt und bei 180 °C im Ofen bei Ober- und Unterhitze ca. 30 Minuten gebacken. Mach am besten die Stäbchenprobe, um festzustellen, ob der Kuchen auch in der Mitte schon durch oder noch zu weich ist.

2 Wenn du Wasser anstatt Pflanzenmilch verwendest, hat der komplette Kuchen fast genau 1500 Kalorien und versorgt dich mit 115 g Protein bei 165 g Kohlenhydraten und 31 g Fett. Zudem schmeckt der Kuchen auch in der Basisvariante durch das zugesetzte Proteinpulver hervorragend. Die Geschmacksnote kannst du je nach Belieben wählen – Vanille, Schoko oder Cookies & Cream. Am besten verwendest du ein hochwertiges veganes Proteinpulver in Bioqualität.

TIPP Sollte dir der Kuchen allein zu »trocken« sein, kannst du ihn auch hervorragend zu dem gerade genannten Smoothie essen.

Zur Abwechslung kannst du den Kuchen in allen möglichen Varianten zubereiten und zudem kleine »Cheat-Zutaten« einfügen. Dies können vegane Schokoladenstücke, Trockenfrüchte, oder Walnussstücke sein. Auch eine Tropical-Variante mit getrockneter Ananas, Kokosmilch und Zimt-Topping schmeckt sehr lecker.

Deiner Kreativität sind keine Grenzen gesetzt.

Alternative: Lupinenriegel

Ein weiteres Rezept, mit dem du garantiert überall punktest, sind die Powerriegel mit Schokolade (siehe S. 131). Die Riegel sind superschnell am Vorabend zubereitet und eignen sich wunderbar zum Mitnehmen oder auch als kleine Aufmerksamkeit für andere.

Sie sind ein hervorragendes Brainfood für längere Konferenzen und Geschäftstermine und ein leckerer Snack für zwischendurch, der dich mit wertvoller Energie versorgt. Jedem, dem ich sie bisher mitgebracht habe, ist sofort das Wasser im Mund zusammengelaufen. Wenn du dann noch erklärst, dass keinerlei Zucker und nur hochwertige und natürliche Zutaten enthalten sind, bist du der Star.

Eine andere Alternative sind die Müsliriegel mit Lupinenflocken (siehe S. 123). Sie versorgen dich schnell mit Power und fördern gerade durch die Inhaltsstoffe der Nüsse deine Konzentration über einen längeren Zeitraum hinweg.

Durch die Kombination von Smoothie, Riegel und Lupinenkuchen hast du alle Nährstoffe, die dein Körper benötigt, immer dabei.

Lupinen auf der Party?

Eine Party ist angesagt und du möchtest die üblichen Snacks wie Chips, Salzbrezeln & Co. meiden? Gleichzeitig willst du nicht als »veganer Spießer« wahrgenommen werden, weil du mit Gurken- und Paprikasticks auf der Party aufkreuzt?

Dann besorg dir ein Glas eingelegte Lupinenkerne und nimm diese schön angerichtet als Snack auf die Party mit. Wenn du etwas mehr Zeit aufwenden willst, kannst du dazu noch Lupinen-Hummus (siehe S. 124) oder den Avocado-Lupinen-Aufstrich (siehe S. 126) zubereiten und die Fladenbrote aus der Pfanne (siehe S. 129) mitnehmen. Ein toller Partysnack sind auch die Wirsing-Chips mit Lupinen-Parmesan (siehe S. 125)

Du magst es lieber süß? Dann empfehlen sich auch hier wieder die Powerriegel mit Schokolade (siehe S. 131) oder als ganz besonders verführerische Köstlichkeit die Sündenfreie Schokoladenmousse (siehe S. 109).

TIPP In diesem Buch findest du weitere Rezepte, die sich als partytauglich erweisen. Probier einfach aus, wozu du Lust hast. Wetten, du stehst damit gleich positiv im Mittelpunkt?

Extras

Der Blog

https://www.vegan-athletes.com

Viele weitere Hintergrundinformationen zur perfekten Symbiose von veganer Ernährung und körperlicher Fitness. Wer sich für den Newsletter registriert, erhält jeden Monat mindestens zwei neue Rezepte und praktische Ernährungspläne.

Die 7-Tage-Challenge

In nur sieben Tagen zu einem neuen Lebensgefühl, weniger Gewicht und mehr Wohlbefinden. Das ist eine Herausforderung, aber durchaus machbar. Am besten geht dies mit der »7-Day-Challenge«. Dabei handelt es sich um einen vordefinierten 7-Tage-Plan mit den Rezepten aus diesem Buch. Dazu gibt es kostenfrei noch eine Einkaufsliste dazu. Du kannst mit dem Plan hervorragend abnehmen, ohne zu hungern! Du wirst satt und genießt dabei.

Unter **https://www.vegan-athletes.com/ lupinen/vegan-kochen-mit-lupine** findest du den kostenfreien Rezeptplan inklusive Einkaufsliste einfach downloaden!

FAQ

Hier sind die vier meistgestellten Fragen unserer Leser.

Braucht man für die Rezepte viele Zutaten, die dann auch noch schwierig zu beschaffen sind?

Antwort: Nein. Wir möchten, dass du es möglichst einfach hast und die Rezepte reibungslos funktionieren. Das Buch enthält natürlich auch einige etwas aufwendigere Gerichte, doch die sind nur für besondere Gelegenheiten gedacht und für Tage, an denen du Lust und Zeit dazu hast, sie zuzubereiten. Die meisten Rezepte sind alltagstauglich und kommen mit wenigen Zutaten aus.

Wie teuer sind die Zutaten in den Rezepten?

Antwort: Für die meisten Rezepte brauchst du hauptsächlich im Supermarkt erhältliche Lebensmittel. Die Lupine selbst und ihre verschiedenen Produktvarianten sind jedoch noch vergleichsweise schwer zu bekommen und etwas teurer. Daher findest du im Folgenden Hinweise auf Quellen, bei denen du die Produkte zu einem tollen Preis-Leistungs-Verhältnis beziehen kannst. Ich habe dir außerdem zwei Lupinenpakete zusammengestellt, sodass du nicht in unterschiedlichen Shops einkaufen gehen musst. Schau einfach unter:
https://klaroh.com/cwenzellupinenrezepte

Es gibt viele Rezepte im Internet. Enthält das Buch auch neue Rezepte? Ich möchte nicht extra für Lupinenrezepte bezahlen, die es auch kostenfrei im Internet gibt!

Antwort: Das verstehe ich voll und ganz. Daher haben wir alle Rezepte mit dem Starkoch Jan Wischnewski selbst entwickelt und ausprobiert. Bestimmt gibt es manche Parallele zu einem bereits bestehenden Rezept. Auch wir haben das Rad schließlich nicht neu erfunden, doch unsere Rezepte sind alle einzigartig und mit viel Liebe und Erfahrung ausgearbeitet.

Brauche ich teures Zusatzequipment, um die Gerichte zuzubereiten?

Antwort: Nein. Fast alle Rezepte sind mit den Standardutensilien einer gut ausgestatteten Küche machbar.

Einkaufsempfehlungen

- Bio-Supermärkte

- Reformhäuser

- http://www.mytime.de/

- Veggie's Delight: https://www.lupinello-shop.de/de/Lupinenprodukte/lupinen-rohkost/

- https://www.velivery.com/de/

- http://www.drmetz.de/

- http://www.piowald.com/

Dank

Danken möchte ich der besten Frau der Welt – Sinthu –, die mich über all die ganzen Jahre unterstützt und ertragen hat, genauso wie natürlich unserer wunderbaren Tochter Mia. Ihr seid meine stetige Motivation und das Beste in meinem Leben.

Ein besonderes Dankeschön an den Riva Verlag und die ganze Münchner Verlagsgruppe, besonders an Sofie Canins und Pascale Breitenstein, die mich jederzeit hervorragend betreut haben.

Dank geht auch an Kathrin Friedrich von Vegan Fitness & Food Lovers für ihre stetige Inspiration zu diesem Buch und die großartige Unterstützung.

Und natürlich darf Jan Wischnewski nicht fehlen, der Koch, der schon weltweit in der Sternegastronomie unterwegs war und mit mir zusammen diese Rezepte entwickelt und gleichzeitig noch die wunderbaren Fotos gemacht hat.

Über den Autor

Christian Wenzel betreibt das Onlinemagazin vegan-freeletics, in dem er Menschen in einer internationalen Community bei der täglichen Herausforderung, einen gesunden Lifestyle zu leben, unterstützt. Hoch qualitative Inhalte zu den Themen vegane Ernährung und Fitness stehen dort im Vordergrund. Das Magazin hat ca. 150.000 Zugriffe jeden Monat, die Videos wurden bereits über 2 Millionen Mal angesehen und sind in mehreren Ländern verfügbar.

Seit 2011 führt der Familienvater und Marketingexperte seine eigene Digitalagentur und entwickelt innovative Marketingkonzepte für die Branchen Fitness, (vegane) Ernährung und Gesundheit. Er tritt regelmäßig auf Events und bei bekannten Firmen als Speaker auf und berät bekannte Persönlichkeiten und Sportler bez. ihrer Reputation und Vermarktung.

Das soziale und nachhaltige Engagement ist ihm besonders wichtig, daher engagiert er sich ehrenamtlich für die ,Sinnathurai Children Foundation". Der Verein begleitet arme Kinder und Jugendliche aus Sri Lanka auf ihrem schulischen und persönlichen Lebensweg.

Mehr unter: http://christian-wenzel.com/

Literaturempfehlungen

Fritz-Albert Popp: Die Botschaft der Nahrung. Unsere Lebensmittel in neuer Sicht, Frankfurt am Main, 2011

Julien Venesson: Wie der Weizen uns vergiftet, München, 2015

Mark Lauren: Fit ohne Geräte, Buchreihe, München, 2011

Novak Djokovic: Siegernahrung, München, 2014

Roman Firnkranz: Meine grünen Smoothies, München, 2014

Victoria Boutenko: Green for Life, Emmendingen, 2014

Elke zu Münster: Weiße Lupine, Hamburg, 2015

Jörg Rinne: Das Eiweißwunder der Veganer, Roßdorf, 2015

Quellenverweise

1   vgl. http://geb.uni-giessen.de/geb/volltexte/2000/320/original/w_lupine.htm

2   vgl. http://www.ufop.de/files/4813/3922/7223/Bericht_Lupinen_060307.pdf, S. 10

3   vgl. http://www.spektrum.de/frage/wie-viele-zellen-hat-der-mensch/620672

4   vgl. http://www.wwf.de/themen-projekte/landwirtschaft/produkte-aus-der-landwirtschaft/soja/

5   vgl. https://de.wikipedia.org/wiki/Laktoseintoleranz

6   vgl. http://www.wwf.de/fileadmin/fm-wwf/Publikationen-PDF/WWF-Studie_Sojaboom_in_deutschen_Staellen.pdf

7   vgl. https://www.xucker.de/

Bildnachweis

Register: Rezepte mit …

… Lupinenflocken

… Lupinenkernen

... Lupinenmehl

... Lupinenschrot

VEGAN KOCHEN MIT LUPINE

Für die meisten Rezepte brauchst du hauptsächlich im Supermarkt erhältliche Lebensmittel. Die Lupine selbst und ihre verschiedenen Produktvarianten sind jedoch noch vergleichsweise schwer zu bekommen. Wir haben für dich zwei Lupinenpakete zusammengestellt. So musst du nicht in verschiedenen Shops einkaufen und kannst die Produkte zu einem tollen Preis-Leistungs-Verhältnis beziehen.

Das **Lupinenpaket** enthält:
- Lupinenmehl der blauen Süßlupine
- Lupinenflocken
- Lupinencrunchy (auch Lupinenschrot genannt)
- Lupinenkerne (auch Lupinensamen oder Lupinenbohnen genannt)

Das **Lupinen-Fitness-Paket** enthält:
- 1 kg Lupinenprotein (Lupinenmehl aus der weißen Süßlupine)
- Lupinenflocken
- Lupinenkerne (auch Lupinensamen oder Lupinenbohnen genannt)

Du bekommst beide Pakete unter:
www.lupinen-rezepte.de

160 Seiten
24,00 € (D) | 24,70 € (A)
ISBN 978-3-7423-2944-8

Bettina Leidl

Healthy Food, Happy Me – Antientzündliche Ernährung für Frauen

50 Rezepte für einen gesunden Zyklus, Hormonbalance und mehr Energie

Gesundheit beginnt auf dem Teller

Den Körper unterstützen, das Wohlbefinden steigern und PMS, Lipödem, Wechseljahressymptome oder andere hormonelle Beschwerden lindern – wie das dank der richtigen Ernährung geht, zeigt die zertifizierte Hormonberaterin Bettina Leidl. 50 einfache, leckere und antientzündliche Rezepte, die speziell auf die Bedürfnisse von Frauen abgestimmt sind, helfen dabei, die eigene Gesundheit zu verbessern. Von kreativen Frühstückideen und bunten Bowls über wärmende Suppen und Hauptgerichte bis zu gesunden Snacks – zahlreiche hormonfreundliche Gerichte sorgen für mehr Energie und Balance. Eine fundierte Einführung in die Grundlagen, praktische Tipps und Lebensmittelübersichten helfen beim Start in einen gesunden Alltag – voller Vitalität und Lebensfreude im Alltag!